JN485158

汉语口语

쉽게 배우는 중국어 회화

상황별로 말하기

임반석 · 장위건 지음

신아사

머리말

한국인에게 중국어는 교양과목이 아니라 이미 거의 필수과목이 되었다. 1980년대 후반 석사과정에 다니던 나는 기숙사 생활 때 타이완인에게서 번체와 주음부호로 중국어를 처음 접했고, 기본 회화와 문법을 배웠다. 외국어는 영어, 독일어, 일본어를 주로 공부한 나는, 호기심과 혹시 유용할 지도 모른다는, 단순한 동기로 중국어를 접했고 약 6개월 정도 배웠다. 당시 한국에서 중국어는 인기 있는 언어는 아니었다. 1990년대 초반 박사과정을 마치고 일을 하고 있을 무렵 중국과 수교가 이뤄졌고, 한국에서는 서서히 중국 바람이 일기 시작하였다. 늘 자유로운 여행을 꿈꾸던 나는 1992년 여름 하던 일을 그만 두고 까다로운 중국 비자 수속을 밟았고, 3개월 만에 어렵사리 비자를 받았다. 그리고 비자를 손에 쥐자마자 빠르게 행장을 꾸려 미련 없이 인천에서 텐진행 페리에 몸을 실었다. 가장 중요한 서류인 초청장과 연수과정 증명은 초기 한국 방문 학자 중 한 사람인 베이징대 양스(楊適) 교수와의 인연 덕에 어렵지 않게 해결했다.

나와 중국어의 우연한 만남은 약 4년 뒤 중국과의 직접적인 인연으로 발전했다. 중국에서는 베이징과 상하이 지역에서 5년 남짓 생활했다. 중국에 머무는 동안 다양한 계층의 사람을 만나고 많은 지역을 배낭 여행했다. 물론 내 관심사인 중국경제에 대한 연구활동도 계속했다. 지금 생각해도 그 때 중국어 배우기를 잘 했고, 중국과의 인연은 멋진 경험과 추억을 안겨주었다. 1990년대 후반 귀국 후 일정 기간 동안 연구원 생활과 강사 생활을 거쳐 대학에 자리 잡았고 16년 째 중국경제와 중국어를 강의하고 있다. 나와 중국어, 중국과의 만남은 우연이 아니라 필연이었다는 생각이 든다.

이 책의 원고는 2005년 청주대에서 강의를 시작하면서부터 정리하기 시작했다. 원고는 오래된 나의 중국어 학습 노트에 기초했다. 중국어를 처음 접할 때와 어학연수 때의 노트를 바탕으로 하여 다양한 교재를 참고해서 작성했다. 1990년대 초 본격적으로 중국어를 배우면서 효율적인 복습을 위해 습관적으로 노트필기를 했는데, 크게 회화, 비즈니스 회화, 문법 세 부분으로 분리해서 정리했다. 노트와 메모는 2005년부터 강의에서 활용하였고, 강의 경험이 쌓이면서 내용은 계속 수정과 보완을 거듭했다. 강의를 위한 원고 수정 작업은 한국에서 경영학 석사과정을 밟고 있었고 지금은 중국에서 사업가로 활동하는 오랜 아우 사오리(邵力)의 도움이 컸다.

지난 수년 동안 주로 중국경제 과목를 담당하면서 중국어 과목 강의는 마땅한 분에게 일임하였고, 중국어 독해 과목만 강의를 지속했다. 그러던 중 2020년 초 신아사의 심사와 동의를 얻어

원고를 책으로 펴낼 수 있게 되었다. 원고를 수정 보완하는 작업은 장위건 교수와 협력하였는데, 장 교수는 녹음 작업도 전담했다. 장 교수가 한족으로서 세대 차이가 난다는 점이 내용을 수정하고 보완하는 데 많은 도움이 되었다.

지은이 두 사람의 협업을 통해 당초 원고 일부를 시대 변화에 맞춰 수정하고, 유행병과 관련된 단원처럼 새로운 내용도 추가하여 총 16개 단원으로 정리하였다. 단원 중간에 중국인이라면 누구나 유년 시절에 외우는 당시(唐詩) 몇 수를 선물로 부가하였다. 시나 노래는 발음 연습에도 도움이 될 뿐 아니라 장차 중국인들과 교류할 때 멋진 자산이 될 수 있다. 다른 나라의 문화에 접근하는 여러 통로 중에서 언어가 가장 기본인데, 그 나라 사람들이 애송하는 시 몇 수를 읊을 수 있다면 더 없는 호감을 살 수 있다. 꼭 외워서 적절한 때 활용해 보기를 권한다. 그리고 단원마다 간단한 문제를 달았고, 몇 개 단원 끝에는 복습 문제를 만들어 붙였다. 중국어를 익히고 시험을 준비하는 데 도움이 되리라 생각한다.

모쪼록 이 책이 중국어를 배우고자 하는 이들에게 작은 길잡이라도 된다면, 원고를 세상에 내놓은 보람이 있을 것 같다. 학생을 포함한 일반인 독자들에게도 중국어와의 만남이 내일의 즐거움이자 중요한 자산이 되기를 기대해 본다. 출판사의 어려운 상황, 코로나 19로 인해 가중되는 난관에도 불구하고 출판을 결정해 주신 신아사 편집부를 포함한 모든 분들께 고마움을 표한다.

2020년 8월

지은이 씀

目录

중국어 발음

1. 중국어의 음절

중국어의 음절은 성모와 운모,성조로 구성되며 발음 부호는 한어병음이라 부른다. 성모(한국어 자음에 해당)는 일반적으로 음절의 맨 앞에 위치하며 단독으로 발음할 수 없다. 운모(한국어 모음에 해당)는 성모와 결합할 때 일반적으로 성모의 뒤에 위치하며 성모가 없어도 발음할 수 있다.

b á
拔

성모	성조 / 운모
b	á

b à
爸

성모	성조 / 운모
b	à

b ù
不

성모	성조 / 운모
b	ù

2. 운모(1): 단운모(운모는 조금 길게 발음한다)

a	입을 크게 벌리고 "아"라고 발음한다.
o	입술을 동그랗게 했다가 살짝 벌리고 "오어"라고 발음한다.
e	'으'를 짧게 발음한 뒤 빠르게 '어'로 옮기며 "으어"라고 발음한다.
i	입을 옆으로 길게 벌리며 "이"라고 발음한다.
u	입을 동그랗게 벌리고 "우"라고 발음한다.
ü	입술을 동그랗게 한 상태에서 '위'라고 발음한다.

발음연습

1) a　o　e　i　u　ü
2) ai　ao　ia　iu　ou　uo
3) 我(wǒ)(uo)爱(ài)
4) 我有(wǒyǒu)(iou)

3. 성모(성모는 조금 짧게 발음한다)

b	뽀어	j	지
p	포어	q	치
m	모어	x	시
f	[f]윗니를 아랫 입술에 대고 아랫입술을 앞으로 내보내며 영어f와 같이 발음한다	z	혀끝을 윗니 뒤에 붙였다 떼면서 "쯔"소리를 낸다.
d	뜨어	c	혀끝을 윗니 뒤에 붙였다 떼면서 "츠"소리를 낸다.
t	트어	s	혀끝을 윗니 뒤에 붙였다 떼면서 "쓰"소리를 낸다.

n	느어	zh	혀끝을 들어 올려 입천장에 대고 혀를 마찰시키며'즈'소리를 낸다.
l	르어	ch	혀끝을 들어 올려 입천장에 대고 마찰시키며'츠'소리를 낸다.
g	끄어	sh	혀끝을 들어 올려 입천장에 대고 마찰 시키며 스'소리를 낸다.
k	크어	r	혀끝을 들어 올려 입천장에 대고 마찰 시키며 영어[r] 같이 발음한다
h	흐어		

4. 성모와 단운모의 조합(1)

성모	a	o	e	i	u	ü
b	ba	bo	be	bi	bu	–
p	pa	po	pe	pi	pu	–
m	ma	mo	me	mi	mu	–
f	fa	fo	–	–	fu	–
d	da	–	de	di	du	–
t	ta	–	te	ti	tu	–
n	na	–	ne	ni	nu	nü
l	la	–	le	li	lu	lü
g	ga	–	ge	–	gu	–
k	ka	–	ke	–	ku	–
h	ha	–	he	–	hu	–

발음연습

1) b/p/m/f

b → ba bo bi bu bai bao bei bie

p → pa po pi pu pai pao pei

m → ma mo mi mu mai mao mei mie

f → fa fo fu fei

bàba
爸爸

māma
妈妈

bāmǐ
八米

fāfú
发福

wǒpàmāo
我怕猫。

wǒmǎibāo
我买包。

wǒyǒumèimei
我有妹妹。

wǒàimāma
我爱妈妈。

2) d/t/n/l

d → da de di du dai dao diu dui dou duo dei die

t → ta te ti tu tai tao tui tou tuo tie

n → na ne ni nu nü nai nao niu nuo nie nei

l → la le lu lü lai lao liu lou luo lie lei

dìdi
弟弟

nǎinai
奶奶

nǐhǎo
你好

nǔlì
努力

liùlóu
六楼

tóunǎo
头脑

dàdù
大度

tǔdì
土地

tèbié
特别

táobǎo
淘宝

wǒlèi nǐne
我累，你呢？

nǐbiélái
你别来！

tābǐnǐdàdeduō
他比你大得多。

3) g k h

g → ga ge gu gao gai gei gou guo

k → ka ke ku kao kai kou kuo

h → ha he hu hao hai hei hou huo

gēge 哥哥　gūgu 姑姑　àihào 爱好　kāikǎo 开考　hēibái 黑白

gēge bù gāo
哥哥不高。

wǒ de àihào
我的爱好。

dàhǎi kě měi le
大海可美了！

gěi wǒ kělè
给我可乐。

5. 성모와 단운모의 조합(2)

성모	a	o	e	i	u	ü j, q, x, y와 함께 쓰이면 위의 점은 생략함
j	–	–	–	ji	–	ju
q	–	–	–	qi	–	qu
x	–	–	–	xi	–	xu
z	za	–	ze	zi	zu	–
c	ca	–	ce	ci	cu	–
s	sa	–	se	si	su	–
zh	zha	–	zhe	zhi	zhu	–
ch	cha	–	che	chi	chu	–
sh	sha	–	she	shi	shu	–
r	–	–	re	ri	ru	–

발음연습

1) j/q/x

j → ji ju jia jie jiu

q → qi qu qia qie qiu

x → xi xu xia xie xiu

2) z/c/s/zh/ch/sh/r

z → za ze zu zai zao zui zuo zou zi

c → ca ce cu cai cao cui cuo cou ci

s → sa se su sai sao sui suo sou si

zh → zha zhe zhu zhai zhao zhui zhuo zhou zhi

ch → cha che chu chai chao chui chuo chou chi

sh → sha she shu shai shao shui shuo shou shi

r → re ru rao rui ruo rou ri

jiějie 姐姐 hējiǔ 喝酒 guójiā 国家 fēijī 飞机 xièxie 谢谢 búkèqi 不客气

duìbuqǐ 对不起! méiguānxi 没关系!

wǒhébàbayìqǐzàijiā 我和爸爸一起在家。

xiàzhōumāmaqùrìběn 下周妈妈去日本。

6. 운모(2): 복합운모

이중운모		삼중운모
ai	ao	iao(yao)
ei	ou	iou(you)
ia ya	ua wa	uai
ie ye	uo wo	uei
iu ui	üe yue	

기타운모

an	in yin	uan wan
en	ing ying	uen wen
ang	ian yan	uang wang
eng	iang yang	ueng weng
ong	iong yong	ün yun
		üan yuan

발음연습

1)

hóngdòushēngnánguó chūnlái fā jǐ zhī
红豆生南国, 春来发几枝。

quànjūnduōcǎixié cǐ wùzuìxiāngsī
劝君多采撷, 此物最相思。

xiāngsī wángwéi
(相思/王维)

2)

chuángqiánmíngyuèguāng yíshìdìshàngshuāng
床前明月光, 疑是地上霜。

jǔtóuwàngmíngyuè dītóusīgùxiāng
举头望明月, 低头思故乡。

jìngyèsī lǐbái
(静夜思/李白)

7. 권설음 er와 儿화

1) er은 혀끝을 말아 올려 "얼"처럼 발음한다.

èr 二　érzi 儿子　ěrduo 耳朵

2) 儿화는 운모와 결합하여 그 운모를 儿화 음으로 만든다. 표기할 때에는 원래 운모 뒤에 -r을 붙이다.

xiǎocǎo r 小草儿　wán r 玩儿　huàhuà r 画画儿

xuěhuā r piāo xuěhuā r fēi dà dì xuěbáibái

雪花儿飘, 雪花儿飞, 大地雪白白!

nǐ wán r wǒ wán r kuàilè yì tiāntiān

你玩儿我玩儿, 快乐一 天天!

8. 성조

중국어 발음에는 1성, 2성, 3성, 4성과 경성 같은 성조가 있으며 성조가 다르면 의미도 달라진다.

성조	부호 (a, e, o, i, u, ü 순서로 모음 위에 표기)	발음요령
1성	ˉ ā	높은 음을 평평하고 길게
2성	ˊ á	중간 음에서 높은 음으로 올리며 발음
3성	ˇ ǎ	낮은 음으로 내렸다가 다시 중간음으로 올리며 발음
4성	ˋ à	높은 음에서 낮은 음으로 빠르게 내리며 발음
경성	· a	짧고 가볍게 발음

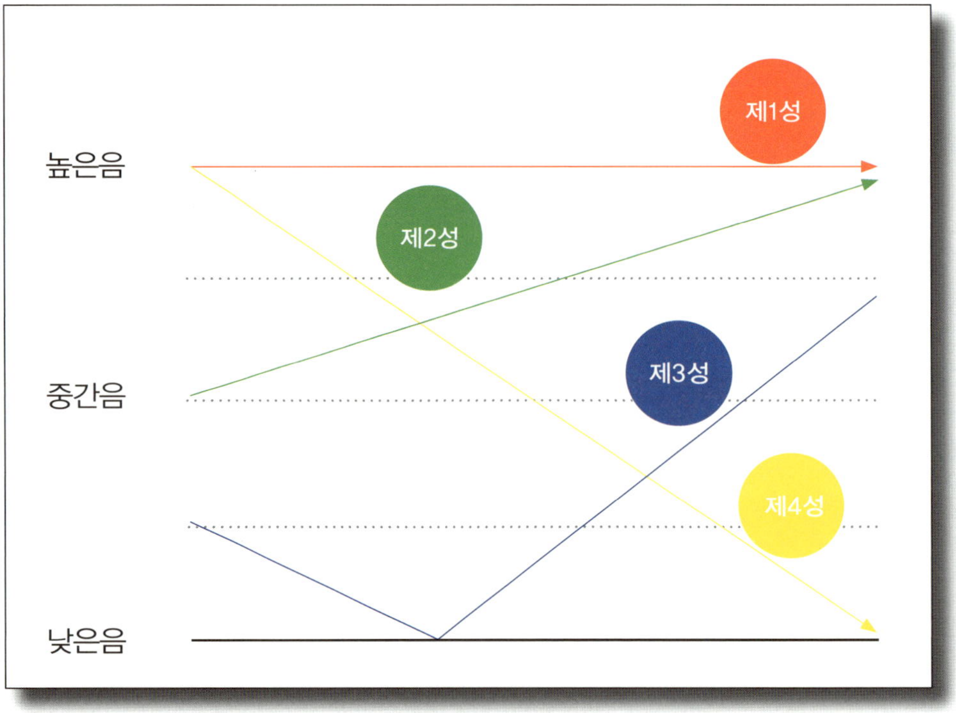

9. 성조의 변화

1) 3성의 성조변화

* 3성+1성/2성/4성/경성 → 반(半)3성으로 발음한다.

měi tiān
每+天 → 每天

měi guó
美+国 → 美国

měi lì
美+丽 → 美丽

* 3성+3성 → 2성+3성으로 발음한다.

nǐ hǎo
你+好 → 你好

2) 一(yī)와 不(bù)의 성조 변화

* 一(yī)/不(bù)+1성/2성/3성 → 4성으로 표기하며 발음한다.

yìshēng 一生 yìyuán 一元 yìqǐ 一起 bùchī 不吃 bùlái 不来 bùlěng 不冷

* 一(yī)/不(bù)+4성 → 2성으로 표기하며 발음한다.

yígè 一个 yícì 一次 yíkuài 一块 búqù 不去 búshì 不是 búlèi 不累

쉽게 배우는
중국어 회화

dìyīkè
第一课

rènshi
认识

xiǎomíng　　hēi　xiǎolì　nǐhǎo　zhèshì nǐ de péngyou ma
小明　：　嗨！小丽，你好，这是你的朋友吗？

xiǎolì　　shìde
小丽　：　是的。

xiǎomíng　　nǐhǎo　nǐ jiào shénme míngzi
小明　：　你好，你叫什么名字？

mǎkè　　nǐhǎo　wǒ jiào mǎkè
马克　：　你好，我叫马克。

xiǎomíng　　nǐ shì nǎguórén
小明　：　你是哪国人？

mǎkè　　wǒ shì měiguórén
马克　：　我是美国人。

xiǎomíng　　rènshi nǐ hěn gāoxìng
小明　：　认识你很高兴！

mǎkè　　rènshi nǐ wǒ yě hěn gāoxìng
马克　：　认识你我也很高兴！

xiǎomíng　　zǒu　wǒmen yìqǐ qù chīfàn
小明　：　走，我们一起去吃饭。

shēng cí
生 词(새단어)

1.	hēi 嗨	gǎn 感	하이!, 안녕!
2.	nǐ 你	dài 代	너
3.	hǎo 好	xíng 形	좋다, 잘하다
4.	zhè 这	dài 代	이, 이것, 이분
5.	de 的	zhù 助	~의, 은/는
6.	péngyou 朋友	míng 名	친구
7.	ma 吗	yí 疑	의문을 표하는 조사
8.	shì 是	dòng 动	이다(동사), 옳다 또는 맞다
9.	jiào 叫	dòng 动	~라고 부르다
10.	shénme 什么	yí 疑	무엇
11.	míngzi 名字	míng 名	이름
12.	mǎkè 马克	gùyǒumíngcí 固有名词	마이크(사람 이름)
13.	nǎ 哪	yí 疑	어느
14.	guó 国	míng 名	나라
15.	rén 人	míng 名	사람
16.	měiguó 美国	míng 名	미국
17.	rènshi 认识	dòng 动	알다, 식별하다
18.	hěn 很	chéngdùfùcí 程度副词	매우
19.	gāoxìng 高兴	xíng 形	기쁘다
20.	yě 也	fù 副	~도

21. 走 zǒu	动 dòng	걷다, 떠나다
22. 们 men	复数 fùshù	~들
23. 一起 yìqǐ	副 fù	같이
24. 去 qù	动 dòng	가다
25. 吃饭 chīfàn	动 dòng	밥을 먹다

어법 다지기

1. 중국어 문장의 기본 구조

1) 동사술어문 :	* 주어+동사	wǒchī 我吃。	wǒbùchī 我不吃。
	* 주어+동사+목적어	wǒchīfàn 我吃饭。	wǒbùchīfàn méichīfàn 我不吃饭/没吃饭。
2) 형용사술어문 :	주어+정도부사+형용사	wǒhěnhǎo 我很好。	wǒbùhǎo hěnbùhǎo 我不好/很不好。

2. '是' 자 구문

주요 동사가 '是'인 문장으로서, 판단과 긍정의 의견을 나타내는 문장을 '是'자 구문이라고 한다. '~은/는 ~이다'로 해석한다. 부정형식은 是 앞에 '不'를 붙여 '不是'로 부정의 의미를 표현한다.

1) wǒshìhánguóxuéshēng
我是韩国学生。

2) wǒbúshìhánguóxuéshēng
我不是韩国学生。

3. 吗?

평서문 끝에 의문조사 '吗'를 붙여서 일반 의문문을 만든다.

1) nǐhǎoma
你好吗?

2) tāshìzhōngguórénma
他是 中 国人吗?

yuè dú liàn xí
阅读练习

māma qí mǎ, mǎ màn, māma mà mǎ.
妈妈骑马，马慢，妈妈骂马。

xué kàn hàn zì
学看汉字

你　我　中国　韩国　美国　日本　英国

회화연습 (다음 내용을 중국어로 대화연습을 해보세요)

A: 안녕하세요! 이름이 어떻게 되세요?

B: 어느 나라 사람인가요?

A: 저는 한국사람입니다.

B: 만나서 반갑습니다.

중국문화

중국인의 호칭

zài hànyǔ lǐ méiyǒu tài duō de zūnjìng yǔ zhōngguórén zài rìcháng jiāowǎng
在汉语里没有太多的尊敬语，中国人在日常交往
zhōng gēnjù niánlíng xuǎnzé shìdàng de chēnghu hěn zhòngyào xìng qiánmian jiāshàng
中根据年龄选择适当的称呼很重要。姓前面加上
xiǎo yìbānniánlíngbǐjiàoniánqīng xìngqiánmianjiāshàng lǎo
‘小’，一般年龄比较年轻。姓前面加上“老”，
chúleyǔniánlíngyǒuguān sì shí suìyǐshàng lìngwàiyěyǒuyìxiēzūnzhòngdeyìsi
除了与年龄有关(40岁以上)，另外也有一些尊重的意思。
zhèzhǒngchēnghuyìbānzàizhíchǎngzhōngyòngdebǐjiàoduō
这种称呼一般在职场中用的比较多。

중국어에는 존경을 표하는 단어가 많지 않다. 중국인은 일상 교류에서 나이에 따라 적당한 호칭을 사용한다. 일반적으로 나이가 비교적 젊으면 성 앞에 '샤오'를 붙이고, 대체로 40세 이상이면 '라오'를 붙이는데, 라오는 상대를 존중한다는 의미이며, 이러한 호칭은 주로 직장에서 사용한다.

dìèrkè
第二课

jiātíng
家庭

jīnzhūyīng nǐjiālǐyǒujǐkǒurén
金珠英：你家里有几口人？

lǐmíng wǒmenjiāyígòngsìkǒurén bàba māma dìdihéwǒ
李明：我们家一共四口人，爸爸、妈妈、弟弟和我。

jīnzhūyīng nǐfùqīnshìzuòshénmegōngzuòde
金珠英：你父亲是做什么工作的？

lǐmíng wǒ fùqīn zài gōngsī gōngzuò
李明：我父亲在公司工作。

jīnzhūyīng nànǐdìdine
金珠英：那你弟弟呢？

lǐmíng wǒdìdishàngzhōngxué
李明：我弟弟上中学。

jīnzhūyīng nǐmāmazuòshénme
金珠英：你妈妈做什么？

lǐmíng māmabùgōngzuò shìjiātíngzhǔfù zàijiāzuòjiāwù
李明：妈妈不工作，是家庭主妇，在家做家务。

shēng cí
生 词(새단어)

1.	jiātíng 家庭	míng 名	가정
2.	míng kǒu 名, 口	liàng 量	명(식구를 세는 양사)
3.	yígòng 一共	fù 副	모두
4.	bàba fùqīn 爸爸, 父亲	míng 名	아빠, 아버지
5.	māma mǔqīn 妈妈, 母亲	míng 名	엄마, 어머니
6.	gōngzuò 工作	míng dòng 名/动	일(하다)
7.	gōngsī 公司	míng 名	회사
8.	shàng 上	dòng 动	(학교, 직장)에 가다 또는 다니다
9.	zhōngxué 中学	míng 名	중학교
			yòuéryuán 幼儿园 : 유치원, xiǎoxué 小学 : 초등학교, zhōngxué 中学 : 중학교(chūzhōng 初中) gāozhōng 高中: 고등학교, dàzhuān 大专 : 전문대, dàxué 大学 : 대학교, yánjiūshēng 研究生 : 대학원생
10.	jiātíngzhǔfù 家庭主妇	míng 名	가정주부, 전업주부
11.	jiāwù 家务	míng 名	집안 일, 가사

어법 다지기

1. 의문사

의문대명사를 이용하여 의문문을 만들 수 있으며, 의문문의 어순은 평서문의 어순과 같다. 많이 쓰는 의문사는 哪儿어디, 什么무엇, 谁누구, 几 몇(보통1-10) 多少얼마, 怎么样어때, 为什么왜, 什么时候언제 등이다.

māma qù nǎr 妈妈去哪儿?	māma qù gōngsī 妈妈去公司。
nǐ jiào shénme míngzi 你叫什么名字?	wǒ jiào xiǎomíng 我叫小明。
tā shì shuí 他是谁?	tā shì wǒ bàba 他是我爸爸。
nǐ jiā yǒu jǐ kǒu rén 你家有几口人?	wǒ jiā yǒu sān kǒu rén 我家有三口人。
nǐmen bān yǒu duōshao xuésheng 你们班有多少学生?	wǒmen bān yǒu sānshí míng xuésheng 我们班有三十名学生。
zuótiān kàn de nàge diànyǐng zěnmeyàng 昨天看的那个电影怎么样?	nàge diànyǐng hěn hǎo 那个电影很好。
tā zuótiān wèishénme méiyǒu lái 他昨天为什么没有来?	tā zuótiān yǒu shì méiyǒu lái 他昨天有事没有来。
míngtiān nǐ shénme shíhou qù 明天你什么时候去?	míngtiān wǒ xiàwǔ qù 明天我下午去。

2. 개사(전치사) 在

'在'는 중국어에서 장소를 이끄는 역할을 한다. 뒤에 장소를 붙여, ~에(~에서)라는 의미를 나타낸다.

1) bàba zài gōngsī gōngzuò
爸爸在公司工作。

2) wǒ bú méi zài jiā xuéxí
我不/没在家学习。

yuè dú liàn xí
阅读练习

yī èr sān sì wǔ liù qī bā jiǔ shí shíyī èrshí jiǔshíjiǔ yìbǎi yìqiān yíwàn

一 二 三 四 五 六 七 八 九 十 十一 二十 九十九 一百 一千 一万

xué kàn hàn zì
学看汉字

爸爸 妈妈 哥哥 姐姐 弟弟 妹妹

회화연습 (다음 내용을 중국어로 대화연습을 해보세요)

A: 가족이 몇 명이에요?

B: 우리 가족은 모두 셋이에요. 아버지, 어머니 그리고 나.

A: 아버님은 뭘 하세요?

B: 우리 아빠는 학교에서 일해요. 엄마는 일을 안해요.

중국문화

집안 일을 잘하는 중국 남성

zàizhōngguó dàbùfennánde dōuhuìzuòfàn jiéhūnyǐhòuyějīngchángbāngzhùqīzizuò
在中国,大部分男的都会做饭,结婚以后也经常帮助妻子做
jiāwù shènzhìyǒude jiātíngqīzi búzuòfàn zhàngfu jìdǎsǎofángjiānyòukānháizi
家务。甚至有的家庭妻子不做饭,丈夫既打扫房间又看孩子、
zuòfàn zhōngguóyǒujùhuà nǚrénnéngdǐngbànbiāntiān nǚxìng de dìwèi búduàn tígāo
做饭。中国有句话“女人能顶半边天”,女性的地位不断提高,
xiànzàizhōngguódenǚxìngyǐjīngkěyǐshuōshìzhěnggètiānle
现在中国的女性已经可以说是整个天了。

중국에서 대부분의 남성은 요리를 할 줄 아는데, 결혼 이후에 보통 아내의 가사를 돕고, 어떤 가정에서는 아내가 요리를 하지 않고 남편이 청소, 요리, 아이 돌보기를 하기도 한다. 중국에는 “여성은 하늘의 절반이라”이라는 말이 있는데, 이 말처럼 여성의 지위는 날로 높아져가고 있다. 현재 중국에서 여성은 이미 하늘이라고 해도 과언이 아닐 정도이다.

dìsānkè
第三课

zhèshìshénme
这是什么？

měixián 美贤 ： xiǎomíng nǐkàn zhèshìshénme
小明！你看，这是什么？

xiǎomíng 小明 ： duìbuqǐ wǒyěbùzhīdào nǐwènwenxiǎolìba
对不起！我也不知道，你问问小丽吧！

měixián 美贤 ： méiguānxi wǒwènxiǎolì xiǎolì nǐkàn nàshìshénme
没关系，我问小丽。小丽，你看，那是什么？

xiǎolì 小丽 ： nàshìzhōngguóde wǎnghóngmen zàizhíbō
那是中国的网红们在直播。

měixián 美贤 ： ō kànqǐlái hěnyǒuyìsi xièxie
噢！看起来很有意思，谢谢！

xiǎolì 小丽 ： búkèqi
不客气！

shēng cí
生 词(새단어)

1.	kàn 看	míng 名	보다
2.	duìbuqǐ 对不起	dòng 动	미안하다, 죄송하다
3.	bù 不	fù 副	아니다, ~하지 않다
4.	zhīdào 知道	dòng 动	알다
5.	wèn 问	dòng 动	묻다
6.	méiguānxi 没关系	dòng 动	괜찮다
7.	nà 那	dài 代	그, 그것
8.	zhōngguó 中国	gùyǒumíngcí 固有名词	중국
9.	wǎnghóng 网红	xīnzǔcí 新组词	왕홍(인터넷 상에서 인기있는 사람)
10.	zhíbō 直播	dòng 动	생방송
11.	ō 噢	gǎn 感	오!
12.	kànqǐlái 看起来	dòng 动	보기에
13.	yǒuyìsi 有意思	xíng 形	재미있다
14.	xièxie 谢谢	dòng 动	감사합니다, 고맙습니다.
15.	búkèqi 不客气	dòng 动	별 말씀을, 사양하다

어법 다지기

1. 부정부사 '不'

'不'는 부정을 의미하는 부사이며 동사, 형용사, 또는 다른 부사의 앞에 붙어서 뒤에 오는 말을 부정한다.

1) wǒ bú qù
我不去。

2) wǒ bù máng
我不忙。

2. 과거를 부정하는 '没'

没는 주로 동사의 앞에서 과거 시제를 부정한다.

1) wǒ méi qù
我没去。

중국어에서 형용사는 시제가 없기 때문에, 형용사를 부정할 때 '没'는 쓸 수 없다.

2) wǒ méi máng
我没忙。（x）

yuè dú liàn xí
阅读练习

zhèshì wǒ péngyou　　nàshì hàn yǔ shū
这是我朋友。　那是汉语书。

xué kàn hàn zì
学看汉字

谢谢 不客气 对不起 没关系

회화연습 (다음 내용을 중국어로 대화연습을 해보세요)

A: 이게 뭐야? 재미있어 보이는데.

B: 나도 모르겠는데 선생님께 여쭤봐

A: 그래, 같이 가자

중국문화

중국 인터넷 상에서 핫한 사람 "왕홍"

wǎnghóng shì wǎngluò hóngrén de suōxiě yīngyǔ shì hěnduō niánqīngrén
网红是网络红人的缩写，英语是Influencer。很多年轻人
tōngguò wǎngluò ràng wǎngmín guānzhù zìjǐ cóngér shǐ zìjǐ zǒuhóng bǐrú shuō tōngguò wǎngluò
通过网络让网民关注自己从而使自己走红。比如说通过网络
lái zhǎnshì zìjǐ de rìcháng shēnghuó lái shuō yí jiàn yǒu yìsi de shì lái jièshào yí gè
来展示自己的日常生活，来说一件有意思的事，来介绍一个
chǎnpǐn děng zài zhōngguó yǒu hěnduō qǐyè zhǎo yǒumíng wǎnghóng zuò chǎnpǐn dàiyánrén huòdé
产品等。在中国有很多企业找有名网红做产品代言人，获得
le bù xiǎo de shōuyì
了不小的收益。

인터넷에서 인기 있는 사람을 '왕홍'이라고 하는데, 영어로는 influencer이다. 많은 젊은이들은 인터넷에서 인터넷 사용자들의 관심을 끌고자 한다. 예를 들어서 인터넷에 자기의 일상생활 중 의미 있는 일을 올리거나 상품을 소개하는 등의 활동을 한다. 중국에서는 많은 기업들이 왕홍의 도움을 받아 상품을 광고함으로써 적지 않은 이득을 얻기도 한다.

单元练习1 단원연습（1-3课）

1. 빈칸에 들어갈 알맞은 단어를 찾아 써 보세요

高兴　　几　　什么　　有意思　　工作

1) 你家有(　　)口人?
2) 中国的网红直播看起来很（　　）。
3) 爸爸在公司（　　）。
4) 你的朋友叫（　　）名字?
5) 认识你很(　　)!

2. 우리말 단어와 중국어 단어를 바르게 연결해보세요

1) 叫	a) 한국
2) 工作	b) 감사합니다
3) 韩国	c) 보다
4) 谢谢	d) 일, 일하다
5) 看	e) 부르다

3. 제시한 단어를 정확한 어순으로 배열해보세요

1) 吃饭　　我们　　去　　一起

2) 我的　　这　　朋友　　是

3) 什么　　你妈妈　　工作　　做

4. 그림을 보고 제시어로 문장을 만드세요

1) 一起

2) 做家务

3) 弟弟

5. 唐诗一首 （당시 한 수）

chūnxiǎo
春 晓

mènghàorán
孟浩然

chūnmián bù juéxiǎo
春眠不觉晓， 봄 날 문득 잠을 깨니,

chùchù wén tíniǎo
处处闻啼鸟。 새소리가 곳곳에서 들리네.

yè lái fēngyǔ shēng
夜来风雨声， 밤이 되자 비바람 소리 들리는데,

huā luò zhī duōshǎo
花落知多少。 꽃은 또 얼마나 질까?

dìsìkè
第四课

guàngjiē
逛街

xiǎolì　　mǎkè　jīntiān nǐ yǒushì ma
小丽　：马克，今天你有事吗？

mǎkè　　méiyǒu　zěnme le
马克　：没有，怎么了？

xiǎolì　　jīntiān zánmen qù guàngjiē ba　zěnmeyàng
小丽　：今天咱们去逛街吧，怎么样？

mǎkè　　hǎo a　zǒu ba
马克　：好啊，走吧！

zài shāngdiàn
（在商店）

mǎkè　　lǎobǎn　zhège duōshaoqián
马克　：老板，这个多少钱？

lǎobǎn　　sānbǎibāshíbākuài
老板　：388块。

mǎkè　　zhème guì　piányi diǎnr ba
马克　：这么贵，便宜点儿吧！

lǎobǎn　　sānbǎikuài zěnmeyàng
老板　：300块怎么样？

mǎkè　　xíng　jiù sānbǎi kuài ba
马克　：行，就300块吧！

shēng cí
生 词(새단어)

1.	jīntiān 今天	míng 名	오늘
2.	yǒu 有	dòng 动	있다
3.	shì 事	míng 名	일
4.	méiyǒu 没有	dòng 动	없다, ~하지 않았다, ~만 못하다
5.	zěnme 怎么	yí 疑	어떻게(+동사/형용사)
6.	guàng jiē 逛街	dòng 动	쇼핑하다, 거리를 구경하다
7.	zěn me yàng 怎么样	yí 疑	어때요?
8.	lǎo bǎn 老板	míng 名	사장님
9.	duōshao 多少	yí 疑	얼마
10.	qián 钱	míng 名	돈
11.	kuài 块	liàng 量	돈을 세는 양사(위안), 덩어리, 조각
12.	zhème 这么	fù 副	이렇게
13.	guì 贵	xíng 形	비싸다
14.	piányi 便宜	xíng 形	저렴하다, 싸다
15.	diǎnr 点儿	míng fù 名; 副	조금, 약간
16.	xíng 行	xíng 形	좋다, 되다
17.	jiù 就	fù 副	바로, 곧

어법 다지기

1. '有' 자 구문

소유의 의미를 나타내며 부정형은 '不有'가 아니고 '没有'이며, 정반의문문을 만들 때는, '~ 有没有~?'로 한다.

wǒ yǒu yí gè gē ge
1) 我有一个哥哥。

wǒ méi yǒu jiě jie
2) 我没有姐姐。

nǐ yǒu méi yǒu zhōng guó péng you
3) 你有没有 中 国朋友?

2. 어기조사 '吧'

1) 문장의 끝에 쓰여 '~합시다/~하자' 같은 권유의 의미를 나타낸다.

zán men yì qǐ qù fàn diàn chī fàn ba
咱们一起去饭店吃饭吧。

2) 의문문에서 '~이지요?' 등 상대의 의사를 확인을 하는 의미를 나타낸다.

nǐ shì hán guó rén ba
你是韩国人吧?

3. 我们와 咱们의 차이

두 단어의 뜻이 비슷하지만 구체적 상황에 따라 의미와 용법에 차이가 있다.

1) 我们 : 아래 두 경우에 쓰는데, 문어와 구어 모두 쓰며 북방보다 남방에서 많이 쓴다.

a) 화자(말하는 사람)와 상대방을 다 포함하는 경우로, "咱们(zánmen)"과 같음.

wǒ men qù wán r　　zán men qù wán r
* 我们去玩儿。= 咱们去玩儿。

b) 화자(말하는 사람) 및 같은 상황의 사람은 포함하고 상대방은 제외.

상황: 부모님에게 자기의 친구를 소개할 때

tā shì wǒmen de péngyou
* 她是我们的朋友。(O)　이 애는 저희 친구예요.

tā shì zánmen de péngyou
* 她是咱们的朋友。(X)

2) 咱们: 화자와 상대방을 다 포함할 때 "咱们"을 쓴다. 구어에 주로 쓰며 남방보다 북방에서 많이 쓴다. 대화하는 사람 간의 친근감을 더 해줄 수 있다.

zánmen chūqù chīfàn ba
* 咱们出去吃饭吧！(우리 나가서 식사하자)

zánmen huí jiā ba
* 咱们回家吧！(우리 집에 가자)

阅读练习
yuè dú liàn xí

yí kuài　liǎngkuài wǔ　yì bǎikuài　yì qiānkuài　yí wànkuài

一块　两块五　一百块　一千块　一万块

学看汉字
xué kàn hàn zì

苹果 多少钱 太贵了 便宜 一点儿

회화연습 (다음 내용을 중국어로 대화연습을 해보세요)

A: 오늘 할 일 없으면, 같이 시내 구경가자

B: 좋아, 그래.

A: 사장님! 그거 얼마예요?

C: 120위안요.

A: 너무 비싸네요, 좀 싸게 해주세요

C: 그럼, 100위안으로 합시다.

중국문화

중국인의 흥정 습관

zhōngguórén mǎi dōngxi de shíhou hěn xǐhuan jiǎngjià, érqiě jiǎng de hěn duō. bǐrúshuō
中国人买东西的时候很喜欢讲价，而且讲得很多。比如说

hǎn jià yìbǎi yuán, jiǎngjià de shíhou yìbān dōu jiàng bǎifēnzhī sānshí dào bǎifēnzhī sìshí. tèbié shì zài
喊价100元，讲价的时候一般都降 30%～40%。特别是在

lǚyóu jǐngdiǎn mǎi jìniànpǐn de shíhou, rúguǒ huì jiǎngjià kěyǐ mǎi dào yòu piányi yòu
旅游景点买纪念品的时候，如果会讲价可以买到又便宜又

hǎo de dōngxi. rúguǒ nǐ bù jiǎngjià kě huì chīkuī a, búxìn nǐ yě shìyishì
好的东西。如果你不讲价可会吃亏啊，不信你也试一试！

중국인들은 물건을 살 때 가격 흥정하기를 좋아한다. 예를 들어서 100위안을 부르면 흥정 때 보통 30-40% 정도를 깎는다. 특히 여행지에서 기념품을 살 경우, 흥정을 할 수 있으면 싸고도 좋은 물건을 살 수 있고, 흥정을 할 줄 모르면 바가지를 쓰게 된다. 한번 실험해 보기를 권한다.

dìwǔkè
第五课

qǐngkè
请客

xiǎomíng　xiǎolì　mángma
小明：小丽，忙吗？

xiǎolì　bùmáng　zěnmele
小丽：不忙，怎么了？

xiǎomíng　zǒu　wǒqǐngnǐchīfàn
小明：走，我请你吃饭。

zàicāntīng
（在餐厅）

fúwùyuán　huānyíngguānglín　xiānsheng　nínjǐwèi
服务员：欢迎光临，先生，您几位？

xiǎomíng　liǎnggèrén
小明：两个人。

fúwùyuán　zhèbiānqǐng　qǐngwènhēshénmechá
服务员：这边请！请问喝什么茶？

xiǎomíng　láihúmiǎnfèidechájiùxíng
小明：来壶免费的茶就行。

fúwùyuán　zhèshìcàidān　qǐngmànmànkàn
服务员：这是菜单。请慢慢看！

xiǎomíng　xiǎolì　nǐxiǎngchīshénme
小明：小丽，你想吃什么？

xiǎolì　nǐdìngba　wǒsuíbiàn
小丽：你定吧！我随便！

xiǎomíng　měinǚ　wǒmendiǎncài
小明：美女！我们点菜。

láiyígèdìsānxiān　yífènmálàtàng
来一个地三鲜、一份麻辣烫、

biéfàngxiāngcài　yìpíngpíjiǔ　yàoliáng
别放香菜！一瓶啤酒，要凉

de　xièxie
的，谢谢！

fúwùyuán　hǎode　qǐngshāoděng
服务员：好的，请稍等！

shēng cí
生词(새단어)

1.	máng 忙	xíng 形	바쁘다
2.	huānyíng 欢迎	dòng 动	환영하다
3.	guānglín 光临	dòng 动	오다, 왕림(하다)
4.	xiānsheng 先生	míng 名	선생(남성에 대한 호칭)
5.	nín 您	dài 代	당신(너의 존대말)
6.	jǐ 几	yí 疑	몇
7.	wèi 位	liàng 量	분
8.	gè 个	liàng 量	개
9.	zhèbiān 这边	dài 代	이쪽
10.	hē 喝	dòng 动	마시다
11.	chá 茶	míng 名	차
12.	lái 来	dòng 动	오다
13.	hú 壶	míng liàng 名, 量	주전자
14.	miǎnfèi 免费	dòng 动	무료, 공짜
15.	càidān 菜单	míng 名	메뉴
16.	mànmàn 慢慢	xíng 形	느린 [mànmanrde 慢慢儿地 (부사어) 천천히]
17.	xiǎng 想	zhù dòng 助, 动	하고 싶다, 그리워하다, 생각하다
18.	chī 吃	dòng 动	먹다

	단어	품사	뜻
19.	dìng 定	dòng 动	정하다
20.	suíbiàn 随便	dòng 动	마음대로
21.	měinǚ 美女	míng 名	미녀
22.	diǎncài 点菜	dòng 动	주문하다
23.	dìsānxiān 地三鲜	míng 名	디산시엔(요리 이름)
24.	málàtàng 麻辣烫	míng 名	마라탕(요리 이름)
25.	bié 别	fù 副	~하지마라
26.	fàng 放	dòng 动	놓다, 두다
27.	xiāngcài 香菜	míng 名	고수(중국요리에 들어가는 향신료)
28.	píng 瓶	míng liàng 名, 量	병
29.	píjiǔ 啤酒	míng 名	맥주
30.	yào 要	zhù dòng 助, 动	~하려고 하다, 필요하다, 시키다
31.	liáng 凉	xíng 形	시원하다
32.	shāoděng 稍等	dòng 动	조금 기다리다

어법 다지기

1. 형용사, 동사와 '的' 의 조합: 凉的, 吃的

'시원하다'라는 뜻의 형용사 '凉'에 '的'를 붙이면 "시원한 것"이라는 의미를 나타낸다. 형용사 뿐만 아니라 '동사+的'를 사용해서 '~것'이라는 의미의 명사를 만들 수 있다.

1) liángde / làde / hǎochīde
凉的/辣的/好吃的

2) chīde / xuéde / wánrde
吃的/学的/玩儿的

yuè dú liàn xí
阅读练习

nǐ xiǎng chī shén me
你想吃什么？

wǒ xiǎng chī là de
我想吃辣的。

nǐ xiǎng hē shén me
你想喝什么？

wǒ xiǎng hē liáng de
我想喝凉的。

xué kàn hàn zì
学看汉字

吃饭　喝茶　点菜　菜单　稍等

회화연습 (다음 내용을 중국어로 대화연습을 해보세요)

A: 어서 오세요! 몇 분이세요?

B: 셋이요

A: 메뉴 여기 있어요.

B: 주문할께요. 토마토 달걀볶음, 디산시엔 주시고 맥주 2병 시원한 걸로 주세요. 고마워요.

A: 네, 조금만 기다리세요.

중국문화

중국요리 소개(麻辣烫과 香菜), 종업원의 호칭 (미녀, 멋진 오빠)

zhōngguócàizhōngsìchuāncàibǐjiàoshòuhuānyíng hěnduōwàiguórényětèbiéxǐhuansìchuān
中国菜中四川菜比较受欢迎，很多外国人也特别喜欢四川
cài sìchuāncàidetèdiǎnshìmálà zuìjìnzàihánguótèbiéshìniánqīngrénfēicháng
菜。四川菜的特点是麻辣。最近在韩国特别是年轻人非常
xǐhuanmálàmiàn málàtàng málàxiāngguōděngkǒuwèi hěnduōdàxuédefùjìnkāi
喜欢麻辣面、麻辣烫、麻辣香锅等口味。很多大学的附近开
lebùshǎomálàtàng málàhuǒguōdiàn jīhūtiāntiānbàomǎn
了不少麻辣烫、麻辣火锅店，几乎天天爆满。

중국요리 중에서 쓰촨 요리가 비교적 인기 있는데, 많은 외국인들도 쓰촨 요리를 좋아한다. 쓰촨 요리의 특징은 마라에 있는데, 최근 한국 젊은이들도 마라면, 마라탕, 마라훠궈의 맛을 즐긴다. 한국의 대학 근처에도 많은 마라탕, 마라훠궈 가게가 있으며, 거의 매일 자리가 꽉 찬다.

suízheshídàidebiànhuà zhōngguóduìfàndiànfúwùyuándechēnghuyěbúduàndezài
随着时代的变化，中国对饭店服务员的称呼也不断地在
gǎibiàn yǐqiánjiào fúwùyuán xiànzàijiào měinǚ huòzhě shuàigē búguò
改变。以前叫‘服务员’，现在叫‘美女’或者‘帅哥’，不过
yídìngkànhǎoduìfāngdeniánlíng duìniánqīngdefúwùyuánkěyǐzhèmechēnghu rúguǒ
一定看好对方的年龄，对年轻的服务员可以这么称呼。如果
shìniánlíngbǐjiàodàdezuìhǎojiào dàjiě huòzhězhíjiējiào lǎobǎn bǐjiàozūn
是年龄比较大的最好叫‘大姐’，或者直接叫‘老板’比较尊
zhòng
重。

시대가 변하면서 중국의 음식점 웨이터에 대한 호칭도 계속 변하고 있다. 이전에는 '부우위안'이라고 하던 것을 지금은 '미녀'는 '멋진 오빠'라고 부른다. 이 때 상대의 나이를 잘 살펴야 하는데, 젊은 웨이터는 그렇게 불러도 되지만, 비교적 나이가 있는 사람은 '누나' 또는 '사장님'으로 부르는 것이 좋다.

dìliùkè
第六课

jiézhàng
结账

gùkè　　máfannǐ　qǐngwèn　zhèryǒurénma
顾客　：麻烦你，请问，这儿有人吗？

fúwùyuán　bùhǎoyìsi　qǐngzuònàzhāngzhuōzi　zhèzhāngdìngchūqùle
服务员：不好意思，请坐那张桌子，这张订出去了。

zhèshìcàidān
这是菜单。

gùkè　　wǒmenyàogètángcùyúhémápódòufu　zàiláiliǎngwǎnmǐfàn
顾客　：我们要个糖醋鱼和麻婆豆腐，再来两碗米饭。

yàoděngduōjiǔ
要等多久？

fúwùyuán　yíhuìrjiùhǎo
服务员：一会儿就好！

gùkè　　wǒmenyǒushìryàobàn　máfankuàiyìdiǎnr
顾客　：我们有事儿要办，麻烦快一点儿！

fúwùyuán　hǎode
服务员：好的。

gùkè　　lǎobǎn　mǎidān　yígòngduōshaoqián
顾客　：老板！买单。一共多少钱？

fúwùyuán　yígòngyìbǎilíngbākuài　nínshìxiànjīnháishishuākǎ
服务员：一共108块，您是现金还是刷卡？

gùkè　　wēixìnzhīfùkěyǐma
顾客　：微信支付可以吗？

fúwùyuán　kěyǐ　nínkěyǐsǎowǒmendiàndeèrwéimǎ
服务员：可以。您可以扫我们店的二维码。

gùkè　　hǎode
顾客　：好的。

shēng cí
生 词(새단어)

1.	zhuōzi 桌子	míng 名	탁자, 책상 / yǐzi 椅子 : 의자
2.	kōng 空	xíng 形	비다
3.	zuò 坐	dòng 动	앉다
4.	dìng 订	dòng 动	예약하다
5.	càidān 菜单	míng 名	차림표, 메뉴
6.	tángcùyú 糖醋鱼	míng 名	탕수어
7.	mápódòufu 麻婆豆腐	míng 名	마파두부
8.	mǐfàn 米饭	míng 名	쌀밥
9.	děng 等	dòng 动	기다리다
10.	yíhuìr 一会儿	míng 名	잠깐
11.	bàn 办	dòng 动	처리하다
12.	mǎidān 买单	dòng 动	계산하다/jiézhàng 结账; shōutiáo 收条, xiǎopiào 小票, shōujù 收据: 영수증
13.	xiànjīn 现金	míng 名	현금
14.	shuākǎ 刷卡	dòng 动	카드를 긁다
15.	wēixìn 微信	míng 名	위쳇(중국에서 많이 쓰고 있는 채팅엡)
16.	zhīfù 支付	dòng 动	지불(하다)
17.	kěyǐ 可以	zhù 助	가능하다
18.	sǎo 扫	dòng 动	스캔하다, 대다
19.	èrwéimǎ 二维码	míng 名	QR코드

어법 다지기

1. 단순 방향보어

단음절로 이루어진 보어이며 동사 "来" "去"를 많이 쓴다. 동작의 방향이 화자(말하는 사람)에게 가까워지면 "来"를 쓰고, 그 반대 경우에 "去"를 쓴다.

wàimiànhěnlěng kuàijìnlái
1) 外面很冷，快进来。(밖이 매우 추우니까 빨리 들어와요: 화자가 방 안에 있음)

lǐmiànhěnnuǎnhuo kuàijìnqù
2) 里面很暖和，快进去。(밖이 너무 추우니까 빨리 들어가요: 화자가 밖에 있음)

2. 복합 방향보어

동사와 "上, 下, 进, 出, 回, 过, 起, 到" 및 "来, 去"가 결합된 경우를 "복합 방향보어"이라고 한다.

shūyǐjīngdōumàichūqùle
1) 书已经都卖出去了。(책이 벌써 다 팔렸어요)

wǒtūránxiǎngbuqǐláile
2) 我突然想不起来了。(갑자기 생각이 안나요)

yuè dú liàn xí
阅读练习

wǒ hěn è qǐng kuài yì diǎn r
我很饿，请快一点儿。

wǒ yào wēi xìn jié zhàng
我要微信结帐。

xué kàn hàn zì
学看汉字

这儿　有　没有　买单　多少钱

회화연습 (다음 내용을 중국어로 대화연습을 해보세요)

A: 사장님! 계산이요, 모두 얼마예요?

B: 모두 238위안입니다.

A: 위챗페이로 할게요.

B: 예. QR코드를 스캔하면 됩니다. 감사합니다.

중국문화

중국의 모바일 지불 Alipay, 위챗

suízhe zhōngguó wǎngluò jìshù de fēisù fāzhǎn shǒujī zhīfù yǐjīng shì fēicháng
随着中国网络技术的飞速发展，手机支付已经是非常
píngcháng de le niánqīngrén jīhū bú dài qiánbāo dà dào guìzhòng wùpǐn xiǎo dào lùbiān xiǎo
平常的了。年轻人几乎不带钱包，大到贵重物品小到路边小
tān jiùlián huìkuǎn shuǐfèi diànfèi děng shēnghuó yòngfèi dōu kěyǐ yòng shǒujī zhīfù
摊，就连汇款、水费、电费等生活用费都可以用手机支付，
fēicháng fāngbiàn zhīfùbǎo yǒu dà dào dà é zhuǎnzhàng yú é lǐcái dàikuǎn xiǎo dào
非常方便。支付宝有大到大额转帐、余额理财贷款、小到
zhīfù gōngnéng wēixìn zhǔyào shì yì zhǒng tōngxùn gōngjù liáotiān yǐwài hái yǒu yícìxìng
支付功能。微信主要是一种通讯工具，聊天以外还有一次性
wǔ qiān yuán yǐxià zhuǎnzhàng hóngbāo zhīfù děng gōngnéng liǎng zhǒng gōngjù dōu kěyǐ tōngguò
5000元以下转帐、红包、支付等功能。两种工具都可以通过
jiǎndān de sǎomiáo èrwéimǎ dēnglù zhīfù zhuǎnzhàng děng
简单的扫描二维码登录、支付、转帐等。

중국의 인터넷 기술이 빠르게 발전하면서 스마트폰을 통한 지불 방법이 일반화되었으며, 젊은 이들은 거의 현금을 가지고 다니지 않을 정도이다. 그래서 크게는 귀중품 거래부터 길거리 가게에 이르기까지 이체가 가능하다. 뿐만 아니라 수도요금, 전기료 등 생활비는 거의 핸드폰을 통해 지불하며, 이 방법은 매우 편리하다. 즈부바오(支付宝)는 거액의 송금과 입금, 잔액을 통한 이체와 대출에서부터 일상 거래에서의 지불 모두 가능하다. 웨이신(微信)은 통신 수단인데, 채팅 외에도 한 번에 5000위안 이하의 이체, 용돈 송금, 지불이 가능하다. 이 두 가지는 간단한 QR코드 등록만으로 사용할 수 있다.

单元练习2 단원연습（4-6课）

1. 빈칸에 들어갈 알맞은 단어를 다음에서 찾아 써 보세요

块　　位　　想　　别　　一点儿

1) 你（　）吃什么？
2) 请（　）放香菜。
3) 老板，这个300（　）怎么样？
4) 欢迎光临，请问先生，您几（　）？
5) 我们有事儿，麻烦您快（　）。

2. 우리말 단어와 중국어 단어를 바르게 연결해보세요

1) 微信	a) 돈
2) 再	b) 계산하다
3) 钱	c) 위챗
4) 买单	d) 또, 다시
5) 没有	e) 없다, 하지 않았다

3. 제시한 단어를 정확한 어순으로 배열해보세요

1) 免费的　给　凉茶　一壶　我们　请

2) 菜单　是　这　我们店的

3) 现金　您是　刷卡　还是

4. 그림을 보고 제시어로 문장을 만드세요

1) 点菜

2) 喝

3) 逛街

5. 唐诗一首（당시 한 수）

jìngyèsī
静夜思

lǐbái
李白

chuángqiánmíngyuèguāng
床前明月光，　　침상에 밝은 달빛이 비치니,

yíshìdìshàngshuāng
疑是地上霜。　　땅에 서리가 내린 듯하네.

jǔtóuwàngmíngyuè
举头望明月，　　고개 들어 밝은 달을 바라보다가,

dītóusīgùxiāng
低头思故乡。　　고개 숙여 고향 집을 그리네.

dìqīkè
第七课

tiānqì
天气

zhāngmíng míngtiāndetiānqìzěnmeyàng
张明：明天的天气怎么样？

mǐnhào tiānqìyùbàoshuōmíngtiānyǒuyǔ
敏浩：天气预报说明天有雨。

zhāngmíng yòumēnrèyòucháoshī a hòutiānne
张明：又闷热又潮湿啊！后天呢？

mǐnhào hòutiānshìqíngtiān qìwēnzàièrshíwǔdùzuǒyòu
敏浩：后天是晴天，气温在25度左右。

zhāngmíng nàtàihǎole wǒmenchūqùwánrba
张明：那太好了！我们出去玩儿吧！

mǐnhào běijīngdeqiūtiānzuìshūfule nǐzuìxǐhuanběijīngdenǎge jìjié
敏浩：北京的秋天最舒服了！你最喜欢北京的哪个季节？

zhāngmíng wǒzuìxǐhuanchūntiānhéqiūtiān
张明：我最喜欢春天和秋天。

shēng cí
生 词(새단어)

1.	míngtiān 明天	míng 名	내일
2.	tiānqì 天气	míng 名	날씨
3.	tiānqì yùbào 天气预报	míng 名	일기예보
4.	shuō 说	dòng 动	말하다
5.	yǔ 雨	míng 名	비
6.	yòu yòu 又…又	lián 连	~하기도 하고 ~하기도 하다
7.	mēnrè 闷热	xíng 形	무덥다
8.	cháoshī 潮湿	xíng 形	습하다
9.	hòutiān 后天	míng 名	모래
10.	ne 呢	gǎn 感	~는요?
11.	qíngtiān 晴天	míng 名	맑은 날씨
12.	qìwēn 气温	míng 名	기온
13.	zài 在	jiè 介	~에서, ~하고 있다
14.	dù 度	míng 名	~도(온도)
15.	zuǒyòu 左右	gàishù 概数	~쯤
16.	tài le 太+형용사+了	gù dìng dā pèi 固定搭配	너무~하다
17.	chūqù 出去	dòng 动	나가다
18.	wánr 玩儿	dòng 动	놀다
19.	qiūtiān 秋天	míng 名	가을

20. 最 (zuì)	副 (fù)	가장
21. 舒服 (shū fu)	形 (xíng)	편하다
22. 喜欢 (xǐhuan)	心理动词 (xīnlǐdòngcí)	좋아하다
23. 季节 (jìjié)	名 (míng)	계절
24. 春天 (chūntiān)	名 (míng)	봄

어법 다지기

1. 太…了

정도가 매우 심함을 나타낼 때 쓰는데, 주로 어떤 상황에 감탄할 때 많이 쓴다. 가끔 '지나치다'는 의미를 나타내기도 한다.

jīntiāntàimángl e
1) 今天太忙了！（오늘 너무 바빴어!)

n ǐ d e m ā m a tàipiàoliangl e
2) 你的妈妈太漂 亮 了！(네 엄마 정말 예쁘다!)

2. 又A又B

두가지 상황을 동시에 표현할 때

xuéxiàoyòu d à yòupiàoliang
1) 学校又大又漂亮。（학교 규모도 크고 멋지기도 하다.）

miànbāoyòuguìyòub ùhǎochī
2) 面包又贵又不好吃。（빵이 비싸고 맛도 없다.）

yuè dú liàn xí
阅读练习

míngtiāntiānqì zěnmeyàng
明天天气怎么样?

tiānqì yùbàoshuōmíngtiāntiānqì hěnhǎo bùlěngyěbúrè
天气预报说明天天气很好,不冷也不热。

xué kàn hàn zì
学看汉字

天气 下雨 春天 夏天 秋天 冬天

회화연습 (다음 내용을 중국어로 대화연습을 해보세요)

A: 오늘 날씨 어때?

B: 오늘은 맑고 23도 정도야.

A: 역시 사계절 중에서 봄이 춥지도 않고 덥지도 않아서 가장 좋아.

B: 맞아. 우리 나가 놀자.

중국문화

중국 남방과 북방의 기후 차이

zhōngguó nánfāng běifāng suǒchù de dìlǐ wèizhi bùtóng qìhòu yě bùtóng yìbān
中国南方北方所处的地理位置不同，气候也不同，一般
jìnrù shí yuè běifāng yǐ lùxù jiàngwēn dōngtiān xuě duō dōngběi sānshěng zuì lěng dádào
进入十月，北方已陆续降温，冬天雪多，东北三省最冷达到
língxià sānshí dù zuǒyòu dào dìèr nián sānyuè cái kāishǐ mànmàn biàn nuǎn ér nánfāng
零下30度左右，到第二年三月，才开始慢慢变暖。而南方
de wēndù jīběnshàng bǎochí zài língshàng xiāngduì bǐjiào nuǎnhuo nánběi fāng suīrán yǐ
的温度基本上保持在零上，相对比较暖和。南北方虽然以
chángjiāng jīzhǔn fēnwéi jiāngnán hé jiāngběi búguò zuì zǎo háishì yǐ huáihé wéi zhōngxīn huà
长江基准分为江南和江北，不过最早还是以淮河为中心划
fēnwéi nánfāng hé běifāng de
分为南方和北方的。

중국 남방과 북방은 지리적 위치 차이로 인해 기후도 다르다. 10월이 되면 북방은 계속해서 기온이 떨어지며 겨울에는 눈이 많이 내린다. 동북3성은 영하30도 전후까지 내려가며, 3월이 되어야 조금씩 따듯해지기 시작한다. 남방지역의 기온은 기본적으로 영상을 유지하며 북방에 비해 온화하다. 남방과 북방을 구분하는 기준은 창강(長江)을 기준으로 강남과 강북으로 나누기도 하지만, 전통적으로는 화이하(淮水)를 중심으로 남방과 북방을 구분한다.

dìbākè

第八课

fǎngwèn

访问

jīnhào　　　wángjiàoshòuzàijiāma

金浩　：　王教授在家吗？

wángfūren　　nínshìshuí a

王夫人：　您是谁啊？

jīnhào　　　wǒshìwángjiàoshòudexuéshēng　wángjiàoshòuzàima

金浩　：　我是王教授的学生，王教授在吗？

wángfūren　　wángjiàoshòuqùtúshūguǎnle

王夫人：　王教授去图书馆了。

jīnhào　　　shénmeshíhouhuílái

金浩　：　什么时候回来？

wángfūren　　xiàwǔhuìhuíláide

王夫人：　下午会回来的。

jīnhào　　　nàwǒwǎnshangzàilái

金浩　：　那我晚上再来。

wángfūren　　hǎode　zàijiàn

王夫人：　好的。再见！

jīnhào　　　zàijiàn

金浩　：　再见！

shēng cí
生 词(새단어)

	단어	품사	뜻
1.	zài 在	jiè 介	계시다, ~에, ~중이다
2.	jiàoshòu 教授	míng 名	교수
3.	shuí 谁	dài 代	누구
4.	xuéshēng 学生	míng 名	학생
5.	túshūguǎn 图书馆	míng 名	도서관
6.	huílái 回来	dòng 动	돌아오다
7.	xiàwǔ 下午	míng 名	오후 / ↔ shàngwǔ 上午 : 오전
8.	wǎnshang 晚上	míng 名	저녁 / ↔ zǎoshang 早上: 아침
9.	zài 再	fù 副	다시

어법 다지기

동태조사 "了"

1. 동사 뒤에 동태조사 "了"를 붙어 동작의 완료를 나타낸다.

wǒmenyǐjīngxuéleliǎngniánhànyǔ
1) 我们已经学了两年汉语。(우리는 벌써 중국어를 2년 배웠다.)

míngtiānxiàlehànyǔkèqùpéngyoujiāba
2) 明天下了汉语课去朋友家吧!(내일 중국어 수업 끝나고 친구 집 가자.)

2. 문장 끝에 "了"를 쓰면 문장 전체의 과거 시제, 또는 영어의 현재완료 진행을 표현하다.

wǒyǐjīngxuéliǎngniánhànyǔle
1) 我已经学两年汉语了。(지금까지 중국어를 2년째 배우고 있다.)

zuótiānqùpéngyoujiāle
2) 昨天去朋友家了。(어제 친구집에 갔었다.)

3. 부정형식은 동사 앞에 "没(有)"를 쓰고 "了"는 생략한다.

wǒjīntiānshàngwǔméixuéxíhànyǔ
我今天上午没学习汉语。(나 오늘 오전에 중국어 공부 안 했어)

yuè dú liàn xí
阅读练习

zhāng lǎo shī zài jiā ma
张 老师在家吗?

bú zài tā qù xué xiào le
不在, 他去学校了。

xué kàn hàn zì
学看汉字

什么时候　在家　上午　下午

회화연습 (다음 내용을 중국어로 대화연습을 해보세요)

A: 안녕하세요! 샤오리 집에 있어요?

B: 누구세요?

A: 저는 샤오리 친구 샤오밍입니다.

B: 샤오리 학원에 갔어요.

A: 언제 돌아와요?

B: 오후에 돌아올 거에요.

A: 네. 감사합니다.

중국문화

중국인 가정 방문, 초대, 문화

zhōngguórén bǐjiào hàokè xǐhuan qǐng péngyou dào zìjǐ jiā zuòkè yāoqǐng biérén
中国人比较好客，喜欢请朋友到自己家作客。邀请别人
yìbān dōu shì zuò hěn duō fēngshèng de fàncài lìngwài hái fēicháng jiǎngjiu lǐshàngwǎnglái qù
一般都是做很多丰盛的饭菜。另外还非常讲究礼尚往来，去
biérén jiā chuànmén shí yìbān bù kōngshǒu qù jīngcháng shì dàizhe lǐwù búguò suízhe
别人家串门时一般不空手去，经常是带着礼物。不过，随着
shídài de biànhuà zhōngguó de chuànmén wénhuà yě zhèngzài mànmàn xiāoshī tèbié shì chūnjié
时代的变化，中国的串门文化也正在慢慢消失。特别是春节
shí yòng shǒujī diànhuà děng fāngshì dàitì yǐqián de chuànmén bàinián
时，用手机、电话等方式代替以前的串门拜年。

중국인은 손님을 접대하고 친구를 집으로 초대하기 좋아한다. 그리고 사람을 초대하면 음식을 풍성하게 준비한다. 이 외에도 예의를 중시하고 자주 왕래하며, 다른 사람 집에 찾아갈 때 일반적으로 빈손으로 가지 않고 선물을 준비한다. 그러나 이러한 문화는 시대에 따라 변화하고 있다. 남의 집 방문 문화도 조금씩 달라지고 있는데, 특히 설날 때 남의 집을 방문해서 인사하던 전통이 핸드폰, 전화 같은 수단을 이용한 인사로 대체되고 있기도 하다.

dìjiǔkè
第九课

dǎdiànhuà
打电话

piáorénhào　wèi　nǐhǎo　qǐngzhǎozhāngmíng
朴仁浩：喂，你好，请找张明。

lǎodàye　shuí　wèi　nǐzhǎoshuía
老大爷：谁？喂，你找谁啊？

piáorénhào　duìbuqǐ　wǒzhǎozhāngmíng
朴仁浩：对不起！我找张明。

lǎodàye　zhèrméiyǒujiàozhāngmíngde　nǐbōdeshìjǐhào
老大爷：这儿没有叫张明的，你拨的是几号？

piáorénhào　zhèrbúshì　língèrsì-qīwǔsānyāowǔjiǔma
朴仁浩：这儿不是 024-753159吗？

lǎodàye　búshì　nǐdǎcuòle
老大爷：不是，你打错了。

piáorénhào　duìbuqǐ
朴仁浩：对不起！

shēng cí
生 词(새단어)

1.	diànhuà 电话	míng 名	전화
2.	wèi 喂	dòng 动	여보세요
3.	cuò 错	xíng 形	틀리다 / ↔ duì 对 : 맞다, búduì 不对
4.	zhǎo 找	dòng 动	찾다
5.	dǎ 打	dòng 动	걸다(bō 拨)
6.	hào 号	míng 名	번호

어법 다지기

1. 결과보어(1)

결과보어는 동사의 변화 결과를 나타낸다. 일반적으로 동사 뒤에 형용사나 동사를 붙어 결과보어로 쓸 수 있다. “见, 完, 懂, 到, 在, 住, 着, 给, 开, 成” 등

diànhuà dǎ cuò le
1) 电话打错了。

zuòyè xiě wán le
2) 作业写完了。

jīntiān chī hǎo le
3) 今天吃好了。

shūbāo zhǎo dào le
4) 书包找到了。

2. 결과보어구의 특징

(1) 결과보어는 동사에 붙여 쓰며 동사와 보어 사이에 다른 성분이 들어가면 안된다. 동태조사 “了”와 목적어(빈어)는 반드시 결과보어 뒤에 위치한다.

wǒ xuéhuì le tàijíquán le
1) 我学会了太极拳了。

wǒ kànwán le nà běn xiǎoshuō le
2) 我看完了那本小说了。

(2) 부정형식은 동사 앞에 “没(有)”쓴다.

zhège gùshi wǒ méi tīngguò
1) 这个故事我没听过。

jīntiān de zuòyè wǒ hái méi zuò wán ne
2) 今天的作业我还没做完呢！

yuè dú liàn xí
阅读练习

wǒ de diànhuà hàomǎ shì língyāolíng-yāo'èrsānsì- qībājiǔliù
我的电话号码是 010-1234-7896

xué kàn hàn zì
学看汉字

谁　号码　打电话

회화연습 (다음 내용을 중국어로 대화연습을 해보세요)

A: 여보세요? 왕 선생님 계세요?

B: 누구신가요?

A: 저는 왕 선생님의 학생입니다.

B: 왕 선생님 지금 학교에 가셨어요.

A: 그럼 다시 전화를 드리겠습니다. 감사합니다.

중국문화

중국에서 휴대폰 개통, 요금 제도 소개

zhōngguó de shǒujī shì yòng běnrén shēnfènzhèng kāitōng kěyǐ zhǐ mǎi kōngshǒujī
中国的手机是用本人身份证开通，可以只买空手机
jīqì xuǎnzé zìjǐ xiǎng kāitōng de tōngxùn gōngsī yǒu yuèzūxíng chōngzhíxíng yuè
机器，选择自己想开通的通讯公司。有月租型、充值型。月
zūxíng shì měi gè yuè ànzhào shíjì shǐyòngliàng jìsuàn hòu jiāofèi xiāngduì bǐjiào piányi
租型是每个月按照实际使用量计算后交费，相对比较便宜。
wàiguórén dào zhōngguó kěyǐ zài jīchǎng huò shǒujī diàn zhǐ mǎi shǒujī kǎ chārù
外国人到中国可以在机场或手机店只买手机卡(SIM)插入
zìjǐ de shǒujī nèi jí kě shǐyòng gēnjù xūyào de liúliàng kěyǐ gòumǎi jiàgé bùtóng
自己的手机内即可使用。根据需要的流量可以购买价格不同
de shǒujī kǎ fēicháng fāngbiàn
的手机卡，非常方便。

중국의 핸드폰은 본인의 신분증을 이용해서 개통하는데, 기계만 구입할 수도 있다. 개통할 때는 자기가 원하는 통신회사를 선택해서 개통한다. 비용지불 방식은 한국과 달리 매월 지불하는 방식과 필요한 금액을 충전해서 사용하는 방식이 있는데, 월별 후불제 방식이 비교적 싸다. 외국인이 중국에 입국하면 공항이나 일반 핸드폰 가게에서 유심카드를 사서 사용할 수 있는데, 개인의 필요에 따라 상이한 가격의 유심카드를 살 수 있어서 편리하다.

单元练习3 단원연습（7-9课）

1. 빈칸에 들어갈 알맞은 단어를 다음에서 찾아 써보세요

左右　　太　　图书馆　　错　　又

1) 北京的夏天（　　）闷热又潮湿啊！
2) 天气预报说明天气温在 28度（　　）。
3) 张教授不在家，他去（　　）了。
4) 对不起， 您打（　　）了， 这没有叫张明的。
5) 今天的天气（　　）好了，我们出去玩儿吧！

2. 우리말 단어와 중국어 단어를 바르게 연결해보세요

1) 晴天	a) 편안하다
2) 雨	b) 비
3) 舒服	c) 좋아하다
4) 喜欢	d) 계절
5) 季节	e) 맑은 날씨

3. 제시한 단어를 정확한 어순으로 배열해보세요

1) 怎么样　　天气　　的　　明天
2) 喜欢　　你　　哪个　　最　　北京的　　季节
3) 几号　　你　　电话号码　　是　　拨的

4. 그림을 보고 제시어로 문장을 만드세요

1）玩儿

2）打电话

3）春天

5. 唐诗一首 （당시 한 수）

huíxiāngǒuji
回乡偶记

hèzhīzhāng
贺知 章

shàoxiǎolí jiālǎodàhuí
少 小 离家老大回，

xiāngyīnw úgǎibìnmáocuī
乡 音 无改鬓毛衰。

értóngxiāngjiànb ùxiāngshí
儿童 相 见 不相识，

xiàowènk ècónghéchùlái
笑 问客 从 何处来。

어려 집을 떠나 늙어서 돌아오니,

고향 말은 그대론데 내 귀밑 머리는 희어졌네.

아이들을 만나도 알아보지 못하고,

웃으며 '어디서 오셨수?'하고 묻네.

dìshíkè
第十课

wènshíjiān
问时间

lǎoshī　xiànzàishìjǐdiǎn
老师　：　现在是几点？

xuéshēng　xiànzàishìbādiǎn
学生　：　现在是8点。

lǎoshī　nǐměitiānjǐdiǎnqǐchuáng
老师　：　你每天几点起床？

xuéshēng　dàyuēliùdiǎnbànqǐchuáng
学生　：　大约6点半起床。

lǎoshī　jǐdiǎncóngjiāchūfā
老师　：　几点从家出发？

xuéshēng　qīdiǎnshíwǔfēnlíkāijiā
学生　：　7点15分离开家。

lǎoshī　yìtiānxuéxíjǐgèxiǎoshí
老师　：　一天学习几个小时？

xuéshēng　yìtiānxuéxíliùgèxiǎoshí
学生　：　一天学习6个小时。

shēng cí
生 词(새단어)

1.	diǎn 点	míng 名	시
2.	měitiān 每天	míng 名	날마다(tiāntiān 天天)
3.	qǐchuáng 起床	dòng 动	일어나다
4.	dàgài 大概	fù 副	대개
5.	bàn 半	míng 名	반
6.	cóng 从	jiè 介	~로부터
7.	chūfā 出发	dòng 动	출발하다
8.	líkāi 离开	dòng 动	떠나다
9.	yìtiān 一天	míng 名	하루
10.	xiǎoshí 小时	míng 名	시간(시간 단위로 씀)
11.	xuéxí 学习	dòng 动	공부하다

어법 다지기

1. 중국어로 년, 월, 일, 요일, 시를 표현하는 방법

1) 1999年(nián)　一九九九年(yījiǔjiǔjiǔnián)　2020年(nián)　二零二零年(èrlíngèrlíngnián)

2) 一月(yīyuè) 1월　十月(shíyuè) 10월　十二月(shíèryuè) 12월

3) 五号(wǔhào)（日(rì)）5일　十五号(shíwǔhào)（日(rì)）15일　二十五号(èrshíwǔhào)（日(rì)）25일

4) 星期一(xīngqīyī) 월요일　星期二(xīngqīèr) 화요일　星期三(xīngqīsān) 수요일　星期四(xīngqīsì) 목요일
星期五(xīngqīwǔ) 금요일　星期六(xīngqīliù) 토요일　星期天(xīngqītiān)（日(rì)）일요일

5) 시간 읽는 방법
一点(yīdiǎn) 한 시　两点(liǎngdiǎn) 두 시
十点(shídiǎn) 열 시　十二点(shíèrdiǎn) 열 두 시

주의

시간의 수량을 표현할 때 시간단위 명사 小时를 쓴다. 点은 시간의 양을 표현할 수 없다.

1시간：1小时(xiǎoshí)(O) 1点(diǎn)(X)

15분 = 一刻(yíkè)　5点15分(wǔdiǎnshíwǔfēn) = 5点一刻(wǔdiǎnyíkè)

30분 = 半(bàn)　两点30分(liǎngdiǎnsānshífēn) = 两点半(liǎngdiǎnbàn)

45분 = 三刻(sānkè)　8点45分(bādiǎnsìshíwǔfēn) = 八点三刻(bādiǎnsānkè) = 差15分9点(chàshíwǔfēnjiǔdiǎn)

yuè dú liàn xí
阅读练习

xiànzài liǎngdiǎn liǎngdiǎnbàn
现在两点，两点半。

shídiǎnshíwǔfēn shídiǎnyíkè chàwǔfēnshí'èrdiǎn
十点十五分，十点一刻，差五分十二点。

xué kàn hàn zì
学看汉字

现在　几点　每天　起床　小时　离开

회화연습 (다음 내용을 중국어로 대화연습을 해보세요)

A: 엄마, 지금 몇 시예요?

B: 지금 8시 반, 빨리 일어나

A: 오늘 10시에 수업이 있어서 9시 15분쯤 출발하면 돼요.

B: 오늘 수업 몇 시간 있어?

A: 오늘 5시간 있어요.

중국문화

zàizhōngguóde shíjiānduàn dàtǐ ànzhào jǐ gè shíjiān lái huàfēn
在中国的时间段大体按照几个时间来划分。

중국에서 24간 중 시간대별 명칭 구분

diǎn		diǎn	
1-6点	língchén 凌晨	6-8点	zǎoshang 早上
8-11点	shàngwǔ 上午	11-13点	zhōngwǔ 中午
13-18点	xiàwǔ 下午	18-22点	wǎnshang 晚上

dìshíyīkè
第十一课

wènlù
问路

yóukè　　duìbuqǐ
游客　：对不起！

xíngrén　　yǒushénmeshìma
行人　：有什么事吗？

yóukè　　qǐngwèn　qùdòngwùyuánzěnmezǒu
游客　：请问，去动物园怎么走？

xíngrén　　yìzhíwǎngqiánzǒu　dàoshízìlùkǒuwǎngyòuguǎi
行人　：一直往前走，到十字路口往右拐。

yóukè　　zǒuzheqùkěyǐba
游客　：走着去可以吧？

xíngrén　　kěyǐ
行人　：可以。

yóukè　　yàoduōchángshíjiān
游客　：要多长时间？

xíngrén　　shíwǔfēnzhōngzuǒyòu　dànshìzuògōnggòngqìchēqùgèngkuài
行人　：15分钟左右，但是坐公共汽车去更快。

shēng cí
生 词(새단어)

	단어	품사	뜻
1.	什么 (shénme)	疑 (yí)	무슨, 무엇
2.	动物园 (dòngwùyuán)	名 (míng)	동물원
3.	一直 (yìzhí)	副 (fù)	쭉, 계속해서
4.	往 (wǎng)	介 (jiè)	~으로
5.	十字路口 (shízìlùkǒu)	名 (míng)	사거리
6.	拐 (guǎi)	动 (dòng)	돌다, (방향)틀다
7.	时间 (shíjiān)	名 (míng)	시간
8.	左右 (zuǒyòu)	副 (fù)	쯤
9.	走 (zǒu)	动 (dòng)	걷다
10.	公共汽车 (gōnggòngqìchē)	名 (míng)	버스 (대중교통) / 汽车 (qìchē) 자동차,
			巴士 (bāshì) : 버스, 的士 (díshì):택시, 火车 (huǒchē) : 기차, 长途汽车 (chángtúqìchē) : 시외버스
11.	坐 (zuò)	动 (dòng)	타다, 앉다
12.	更 (gèng)	副 (fù)	더, 더욱
13.	快 (kuài)	形 (xíng)	빠르다 /(慢 (màn) : 느리다)

어법 다지기

방향을 나타내는 전치사 : ‘往’, ‘左右’

1. ‘往’

뒤에 방위/장소를 붙여 ‘~방향으로, ~쪽으로’와 같이 동작이 진행되는 방향을 표시한다.

wǎngqián hòu zǒu
往前/后 走。

wǎngzuǒ yòu guǎi
往左/右 拐。

2. 左右

주로 나이, 시간에 대해 대략을 나타낼 때 쓴다.

shísuìzuǒyòu
十岁左右。

shíwǔfēnzhōngzuǒyòu
十五分钟左右。

yuè dú liàn xí
阅读练习

qùyínhángzěnmezǒu
去银行怎么走?

yì zhíwǎngqiánzǒu yòubianjiùshì
一直往前走,右边就是。

duōchángshíjiān
多长时间?

wǔfēnzhōngzuǒyòu
5分钟左右。

xué kàn hàn zì
学看汉字

时间　去　走　坐　公共汽车

회화연습 (다음 내용을 중국어로 대화연습을 해보세요)

A: 실례합니다. 도서관 가려면 어떻게 갑니까?

B: 앞으로 가다가 좌회전하면 바로 있어요.

A: 걸어서 몇 분이나 걸릴까요?

B: 매우 가까워서 5분이면 돼요.

중국문화

중국의 교통

zhōngguó de jiāotōnggōng jù hé chūxíngfāngshì yǒuzhehěn dà de biànhuà yǐqiánzhōngguó
中国的交通工具和出行方式有着很大的变化，以前中国
bèi chēngwéi zìxíngchēwángguó jiǔshíniándàimò sī jiā chē yuèláiyuè duō dàchéngshì
被称为自行车王国，九十年代末私家车越来越多，大城市
běishàngguǎng běijīng shànghǎi guǎngzhōu dǔ chē tè bié yánzhòng
（北上广：北京、上海、广州）堵车特别严重。

중국의 교통수단과 외출 방식에 큰 변화가 일어나고 있다. 한 때 중국은 자전거 왕국으로 불렸는데, 1990년대 말부터 개인의 자동차 구매 시대, 즉 마이카 시대가 시작되면서 개인 차량이 증가했고, 주요 대도시(베이상광: 베이징, 상하이, 광저우)에서는 교통난이 매우 심각하다.

dìshíèrkè
第十二课

mǎidōngxi
买东西

diànyuán　　nínyàomǎidiǎnr shénme
店员：您要买点儿什么？

yóukè　　nǚshìfúzhuāngzàinǎrkěyǐmǎidào
游客：女式服装在哪儿可以买到？

diànyuán　　zàièrcéng
店员：在二层。

yóukè　　wǒxiǎngmǎichènshān
游客：我想买衬衫。

diànyuán　　nínchuānduōdàhàor de
店员：您穿多大号儿的？

yóukè　　hào
游客：M号。

diànyuán　　nínxǐhuanshénmeyánsè　báisèdezěnmeyàng
店员：您喜欢什么颜色？白色的怎么样？

zhègeyánsèshìjīnniándeliúxíngsè
这个颜色是今年的流行色。

yóukè　　duōshaoqián
游客：多少钱？

diànyuán　　yìbǎiwǔshíyuán
店员：150元。

yóukè　　bùnéngpiányidiǎnrma
游客：不能便宜点儿吗？

diànyuán　　duìbuqǐ　bùxíng
店员：对不起，不行。

shēng cí
生 词(새단어)

1.	店员 (diànyuán)	名 (míng)	점원
2.	女式服装 (nǚshìfúzhuāng)	名 (míng)	여성의류
3.	哪里 (nǎli)	代 (dài)	어디
4.	层 (céng)	名 (míng)	층 / ≅ 楼 (lóu)
5.	衬衫 (chènshān)	名 (míng)	셔츠
6.	尺寸 (chǐcùn)	名 (míng)	사이즈
7.	颜色 (yánsè)	名 (míng)	색깔
8.	流行 (liúxíng)	名 (míng)	유행
9.	便宜 (piányi)	形 (xíng)	싸다 / ↔ 贵 (guì) : 비싸다
10.	白色 (báisè)	形 (xíng)	하얗다
11.	可以 (kěyǐ)	动 (dòng)	되다, 괜찮다

어법 다지기

1. 결과보어(2): 到, 在, 见, 着, 上, 开

1) 到

① 사람 또는 사물이 동작 결과 어디에 도착한다는 의미이다.

ānnà shàng gè yuè qù shànghǎi lǚxíng le zuótiān tā huídào le běijīng
例：安娜上个月去上海旅行了，昨天她回到了北京。

② 목적의 성취

wǒ mǎidào nà běn yīngyǔ zìdiǎn le
例：我买到那本英语字典了。

2) 在

사람 또는 사물이 동작 결과 어디에서 멈춘다는 의미이다. "在" 뒤에 장소를 뜻하는 목적어가 온다.

zuótiān kàn diànyǐng de shíhou nǐ zuòzài nǎr
例：昨天看电影的时候，你坐在哪儿？

3) 见

감각 동사 "听" "看" 등 뒤에 쓰여 동사의 결과를 나타내다. '看'은 눈으로 본다는 뜻이지만, 보였는지 안보였는지는 불확실 하나, '看见'은 "보았음"을 의미한다.

nǐmen kàn shù xiàbian zhànzhe de nàge rén shì shuí
例：你们看，树下边站着的那个人是谁？

wǒ kànjiàn le shì xiǎowáng
我看见了，是小王。

4) 着

동사의 예상한 목적을 성취했거나, 진행중임을 의미하기도 한다.

例： nàběnshūwǒméimǎizháo jièzháole
那本书我没买着，借着了。

zuótiānwǒqùnǐsùshèdeshíhou nǐshuìzháole
昨天我去你宿舍的时候，你睡着了。

5）住

동작을 통해서 목적에 일정한 영향을 주었음을 의미한다. 즉, 목적에 도달한 정도를 표현한다.

例： xuéguòdeshēngcíwǒméiyǒudōujìzhù jìzhùledàbùfen
学过的生词我没有都记住，记住了大部分。

6）上

A 동작을 통해 어떠 사물이 존재하게 하거나, 어느 곳에 부착되었음을 의미

例： wàimiànlěng zàichuānshàngjiànyīfuba
外面冷，再穿上件衣服吧！

běnzishàngyàoxiěshàngmíngzi
本子上要写上名字。

B 동작을 완성한 뒤 어울리거나 결합되는 등의 결과를 의미

例： wūlǐyǒudiǎnrlěng qǐngguānshàngchuānghu
屋里有点儿冷，请关上窗户。

C 쉽게 달성할 수 없는 어떤 목적에 도달함을 의미

例： jiěfàngyǐhòu láodòngrénmíndōuguòshàngle xìngfúdeshēnghuó
解放以后，劳动人民都过上了幸福的生活。

7）开

동작을 통해서 목적에 영향을 주되 목적물이 열리거나 펼쳐짐을 의미한다.

例： qǐngdǎkāishū fāndàodìsānshíwǔyè
请打开书，翻到第35页。

xiǎowáng kāikaichuānghuba wūzilǐtàirèle
小王，开开窗户吧，屋子里太热了！

yuè dú liàn xí
阅读练习

nǐyàomǎishénmeyánsède báisè hēisè hóngsè huángsè lánsè lǜsè
你要买什么颜色的? 白色, 黑色, 红色, 黄色, 蓝色, 绿色。

nǐchuānduōdàhàode tèdàhào dàhào zhōnghào xiǎohào
你 穿 多大号的? 特大号, 大号, 中号, 小号。

xué kàn hàn zì
学看汉字

买　颜色　便宜　穿　颜色

회화연습 (다음 내용을 중국어로 대화연습을 해보세요)

A: 샤오리, 학교 근처에 백화점 하나가 새로 오픈했는데 나랑 같이 옷 사러 가자.

B: 정말? 나도 셔츠 하나 사려고 했는데…

A: 사이즈가 몇이야?

B: S 사이즈.

A: 나랑 같네, 올해 노란색이 유행하니까 노란색으로 사자.

B: 좋아. 두 개 얼마지?

A: 90위안.

B: 정말 싸다.

중국문화

중국의 쇼핑가, 백화점 규모

suízhe zhōngguó jīngjì de kuàisù fāzhǎn zhōngguó rén xiāofèi yìshí de búduàn gǎibiàn
随着中国经济的快速发展，中国人消费意识的不断改变，
zhōngguó de shāngyèjiē bǎihuò shāngchǎng de guīmó yuèlái yuè dà yìbān zài yì tiáo
中国的商业街、百货商场的规模越来越大。一般在一条
shāngyèjiē huì yǒu shí jǐ jiā bǎihuò shāngdiàn jǐ shí jiā de zhuānmàidiàn bǎihuò shāngdiàn
商业街会有十几家百货商店、几十家的专卖店。百货商店
guīmó yìbān dōushì wǔ dào bā lóu yìbān dìxià huò yī lóu shì chāoshì dǐnglóu shì
规模一般都是5到8楼，一般地下或1楼是超市，顶楼是
měishíjiē
美食街。

중국경제가 빠르게 발전하면서 중국인의 소비의식도 끊임없이 변해왔고, 비즈니스 거리와 백화점의 규모는 갈수록 커지고 있다. 일반적으로 한 비즈니스거리에 10여 개 백화점이 자리잡고 있고 몇 십 개 전문 가게가 줄지어 있다. 백화점 규모는 대체로 5-8층인데, 보통 지하나 1층에는 대형 수퍼가 있고, 꼭대기 층에 음식점(식당가, 푸드코트)이 있는 구조로 되어 있다.

单元练习4 단원연습（10-12课）

1. 빈칸에 들어갈 알맞은 단어를 다음에서 찾아 써보세요

点　　　离开　　　往　　　层　　　怎么

1）请问，去动物园（　　）走？

2）一直（　　）前走，到十字路口右拐。

3）男式服装在3（　　）可以买到。

4）我早上大约8点5分（　　）家。

5）你每天几（　　）起床？

2. 우리말 단어와 중국어 단어를 바르게 연결해보세요

1）一直	a）입다
2）穿	b）일
3）事	c）줄곧
4）时间	d）버스
5）公共汽车	e）시간

3. 제시한 단어를 정확한 어순으로 배열해보세요

1）学校　　大约　　走着去　　10分钟

2）三个　　一天　　小时　　学习　　我

3）白色的　　我　　衬衫　　买　　要　　女式

4. 그림을 보고 제시어로 문장을 만드세요

1) 出发

2) 颜色

3) 流行

5. 唐诗一首 （당시 한 수）

dēngguànquèlóu
登鹳雀楼

wángzhīhuàn
王之涣

báirìyīshānjìn
白日依山尽，　　해는 서산으로 넘어가고,

huánghérùhǎiliú
黄河入海流。　　황하는 바다로 흐르네.

yùqióngqiānlǐmù
欲穷千里目，　　천리 밖을 바라보고파,

gèngshàngyìcénglóu
更上一层楼。　　한 층을 더 오른다네.

dìshísānkè

第十三课

kànbìng

看病

yīshēng　　qǐngzuò nǐnǎrbùshūfua

医生　：　请坐，你哪儿不舒服啊？

bìngrén　　dùziténg

病人　：　肚子疼。

yīshēng　　zuìjìnnǐwèikǒuzěnmeyàng

医生　：　最近你胃口怎么样？

bìngrén　　bùxiǎngchīdōngxi

病人　：　不想吃东西。

yīshēng　　fāshāoma

医生　：　发烧吗？

bìngrén　　fāshāo érqiěsǎngziyěhěnténg

病人　：　发烧，而且嗓子也很疼。

yīshēng　　bǎzhègetǐwēnjìchādàoyèxià liángyíxià

医生　：　把这个体温计插到腋下，量一下。

yīshēng　　sānshíqīdùwǔ shāodebútàilìhài shìliúxíngxìnggǎnmào

医生　：　37度5，烧得不太厉害，是流行性感冒。

bìngrén　　yánzhòngma

病人　：　严重吗？

yīshēng　　bùyánzhòng xiūxiliǎngsāntiānjiùhǎole zhùyì duō hē rèshuǐ

医生　：　不严重，休息两三天就好了。注意多喝热水。

bìngrén　　xièxie

病人　：　谢谢！

生 词(새단어)

shēng cí

1.	不舒服 (bùshūfu)	动 (dòng)	편찮다, 불편하다
2.	肚子 (dùzi)	名 (míng)	배
3.	疼 (téng)	动 (dòng)	아프다
4.	胃口 (wèikǒu)	名 (míng)	식욕
5.	吃 (chī)	动 (dòng)	먹다
6.	发烧 (fā shāo)	名 (míng)	열이 나다(发热 fārè)
7.	嗓子 (sǎngzi)	名 (míng)	목
8	体温计 (tǐwēnjì)	名 (míng)	체온계
9.	腋下 (yèxià)	名 (míng)	겨드랑이
10.	夹, 插 (jiá chā)	动 (dòng)	끼다
11.	量, 试 (liáng shì)	动 (dòng)	재보다
12.	流行性感冒 (liúxíngxìnggǎnmào)	名 (míng)	유행성 독감
13.	严重 (yánzhòng)	形 (xíng)	심하다
14.	休息 (xiūxi)	动 (dòng)	쉬다
15.	医生 (yīshēng)	名 (míng)	의사 / 医院(yīyuàn): 병원, 护士(hùshi): 간호사

어법 다지기

1. 정도보어 : 동사나 형용사 뒤에 "得"를 붙여 동작의 정도와 결과를 설명한다.

t ā shuō d e hěnkuài
1) 他说得很快。

만약 동사에 목적어(빈어)가 필요하면 목적어 뒤에 동사를 반복한 다음 "得"를 쓴다. 이때 첫 번째 동사를 생략할 수 있다.

t ā shuōhàn y ǔ shuō d e hěnkuài
2) 他说汉语说得很快。

t ā hàn y ǔ shuō d e hěnkuài
3) 他汉语说得很快。

정도보어의 부정 : 보어로서 쓰이는 형용사를 부정하는 형식을 취한다.

t ā shuō d e b ú kuài
4) 他说得不快。

t ā shuō d e b ù qīngchǔ
5) 他说得不清楚。

2. 不舒服와 疼의 용법 차이(한국인이 자주 틀리는 표현)

n ǐ n ǎ r bù shū fu
不舒服: 你哪儿不舒服? (어딘가 불편하다는 의미를 표현하다)

w ǒ tóuténg sǎng z i téng tuǐténg
疼: 我头疼/嗓子疼/腿疼 (구체적으로 어느 신체부위가 아프는 의미를 표현하기 때문에 일반적으로 신체부위 단어와 함께 쓴다)

yuè dú liàn xí
阅读练习

nǐzěnmele
你怎么了?

wǒgǎnmàole fāshāo tóuténg hěnyánzhòng
我感冒了,发烧,头疼,很严重。

xué kàn hàn zì
学看汉字

肚子　疼　厉害　休息

회화연습 (다음 내용을 중국어로 대화연습을 해보세요)

A: 너 왜 그러니? 어디 아파?

B: 머리가 좀 아프고 식욕이 없어.

A: 빨리 병원에 가.

B: 집에 가서 좀 쉬고 싶어

A: 알았어, 먼저 쉬고 많이 아프면 전화해, 병원에 함께 가줄게.

중국문화

중국의 병원, 진료, 의료보험제도

zhōngguó d e yī yuàn yì bān y ǐ zōnghé yī yuàn wéi zhǔ jìn jǐ nián zhuān kē yī yuàn sī lì
中国的医院一般以综合医院为主，近几年专科医院，私立
yī yuàn y ě yuè lái yuè duō l e yī liáo bǎo xiǎn zhì dù y ě bú duàn gǎi shàn zhòng dà jí bìng shí
医院也越来越多了。医疗保险制度也不断改善，重大疾病时
g è r é n f ù d ā n bǎi fēn zhī sān shí dào bǎi fēn zhī sì shí gǎn mào děng b ù yán zhòng d e y ì b ā n j í b ì n g k ě y ǐ
个人负担３０～４０％，感冒等不严重的一般疾病可以
shǐ yòng y ī bǎo k ǎ měi gè yuè guó jiā gěi yí dìng jīn é cún rù k ǎ l ǐ
使用医保卡。(每个月国家给一定金额存入卡里)

중국의 의료기관은 일반적으로 종합병원 중심으로 되어 있는데, 근래에 전문 의원과 사설 의원도 갈수록 늘고 있다. 의료보험제도도 계속 개선되고 있어서, 중대한 질병은 개인 부담이 30-40% 정도이고, 감기 같은 가벼운 질병은 의료 전용 카드로 해결할 수 있다. 매월 국가에서 의료카드에 일정 금액을 넣어준다.

dìshísìkè
第十四课

háiyǒukōngfángjiān ma
还有空房间吗？

fúwùyuán　　huānyíngguānglín
服务员：　欢迎光临！

zhāngmíng　　wǒjiàozhāngmíng　wǒyǐjīngyùdìngfángjiānle
张　明：　我叫张明，我已经预订房间了。

fúwùyuán　　qǐngděngyíxià　ràngwǒcháyichá　qǐngchūshìyíxiàníndehùzhào
服务员：　请等一下，让我查一查。请出示一下您的护照。

fúwùyuán　　bàoqiàn　méiyǒuníndemíngzi
服务员：　抱歉，没有您的名字。

zhāngmíng　　zěnmehuíshì　shìbushìyǒushénmecuòwù
张　明：　怎么回事？是不是有什么错误？

fúwùyuán　　bùzhīdào　búguòquèshíméiyǒuníndemíngzi
服务员：　不知道，不过确实没有您的名字。

zhāngmíng　　nàmeháiyǒukōngfángjiānma
张　明：　那么还有空房间吗？

fúwùyuán　　yǒu　qǐngníntiányíxiàdēngjìbiǎo
服务员：　有，请您填一下登记表。

shēng cí
生 词(새단어)

1.	预订 (yùdìng)	动 (dòng)	예약하다
2.	查 (chá)	动 (dòng)	조사하다
3.	出示 (chūshì)	动 (dòng)	제시하다
4.	错误 (cuòwù)	名 (míng)	착오
5.	空 (kōng)	形 (xíng)	비다
6.	填 (tián)	动 (dòng)	기입하다
7.	登记表 (dēngjìbiǎo)	名 (míng)	숙박부

어법 다지기

1. 一下

1) 동사 뒤에 쓰여 '~해보다' 의미를 나타낸다.

kuàikàn yíxià hùzhào zài nǎr

快看一下护照在哪儿。

2) 짧은 시간을 나타낸다.

qǐng shāo děng yíxià

请稍等一下。

阅读练习
yuè dú liàn xí

qǐngwèn yǒukōngfángjiānm a
请问,有空房间吗?

w ǒ yào y í g è biāozhǔnjiān
我要一个标准间。

学看汉字
xué kàn hàn zì

预订　房间　知道　一下

회화연습 (다음 내용을 중국어로 대화연습을 해보세요)

A: 안녕하세요! 빈방 있습니까?

B: 몇 분이세요?

A: 네 명입니다. 혹시 방 두 개 가능한가요?

B: 네 분의 신분증이나 여권을 좀 보여 주세요.

A: 네. 여기 있습니다.

B: 방이 10층에 있으니까 엘리베이터를 타고 올라가시면 됩니다.

A: 감사합니다.

중국문화

중국의 호텔

zàizhōngguó de gǔdài shíbāshìjìqián jiǔdiàn jiàozuò kèzhàn xiànzài yě yǒuyìxiē
在中国的古代(十八世纪前)酒店叫做客栈(现在也有一些
dìfāng wèile fǎnggǔ jiǔdiàn de míngzi yě jiào kèzhàn jìndài rénmen kāishǐ
地方为了仿古，酒店的名字也叫“~~客栈”)。近代人们开始
jiào fàndiàn dànshì yīnwéi nánfāngrén yìbān bǎ cāntīng yě jiùshì chīfàn de dìfāng jiàozuò
叫饭店，但是因为南方人一般把餐厅也就是吃饭的地方叫做
fàndiàn suǒyǐ wèile bù hùnxiáo nánfāng hěnduō dìfāng bǎ zhùsù de dìfāng jiào bīnguǎn
饭店，所以为了不混淆，南方很多地方把住宿的地方叫宾馆，
ér běifāng jiào fàndiàn lìngwài gēnjù jiǔdiàn de guīmó shèshī děngjí míngchēng yǒu
而北方叫饭店。另外，根据酒店的规模、设施等级名称有
hěnduō yìbān wǔxīngjí yǐshàng de jiào dà jiǔdiàn jiǔdiàn de shèshī yǐjīng dádào
很多。一般五星级以上的叫大酒店，酒店的设施已经达到
guójì biāozhǔn sìxīngjí yǐxià de jiào jiǔdiàn huò bīnguǎn yìbān yǐ shūshì kuàijié xíng
国际标准。四星级以下的叫酒店或宾馆，一般以舒适快捷型
wéizhǔ xiāngdāngyú èrxīngjí yǐxià de jiào lǚguǎn piányi fāngbiàn jīchǎng zhǎnlǎnguǎn
为主，相当于二星级以下的叫旅馆，便宜方便。机场、展览馆
děng tèbié qūyù fùjìn zhǐ tígòng zuì jīběn zhùsù de xiǎoxíng zhùsuǒ jiào zhāodàisuǒ
等特别区域附近只提供最基本住宿的小型住所叫招待所。
zuìjìn de jiǔdiàn huò bīnguǎn dōu tígòng gèng duō gèxìnghuà de fúwù gè lèixíng de jiǔdiàn
最近的酒店或宾馆都提供更多个性化的服务。各类型的酒店
céngchū bù qióng yìbān kěyǐ tōngguò wǎngzhàn miǎnfèi yùdìng búguò rùzhù xūyào jiāo
层出不穷。一般可以通过网站免费预定。不过入住需要交
dǐyājīn bǎozhèngjīn zàituìfáng shí fǎnhuán
抵押金(保证金)，在退房时返还。

고대 중국(18세기 이전)에서 여관(주점)은 커잔이라고 불렀는데, 근대에 들어서 판디엔(반점)이라고 부르게 되었다. 그러나 남방사람들이 일반적으로 음식점이나 식사하는 곳을 판디엔이라고 부르기 때문에 혼동을 피하기 위해 많은 남방 지역에서 빈관이라고 부르고, 북방에서 판디엔이라고 부르게 되었다. 이 밖에도 호텔은 규모, 시설 수준에 따라 여러가지 명칭이 사용된다. 일반적으로 5성급 이상은 다지우디엔(대주점)이라 부르는데, 시설이 이미 국제 표준 수준에 도달했다. 4성급 이하는 지우디엔(주점) 또는 빈관(빈관)이라고 부르는데, 대체로 편의와 편리를 추구하는 호텔이다. 2성급 이하 숙소는 뤼관(여관)이라고 부르며, 염가와 편리를 추구한다. 공항, 전람관 등 특별한 구역 근처에는 기본적인 시설을 갖춘 소형 숙박업소가 많이 있는데, 이를 자오다이수어(초대소)라고 부른다. 최근에 지우디엔 또는 빈관들은 개성적인 서비스를 제공하는데, 이러한 형태의 호텔은 매우 많고 천차만별이다. 중국의 호텔은 보통 인테넷 상에서 예약이 가능하며, 체크인 때 보증금을 내고 체크아웃 때 돌려받는 식으로 되어 있다는 점이 좀 특이하다.

중국의 주요 숙소 체인 및 예약 사이트(中国主要的酒店及预定网站) 소개

1. 모텔168, 268(莫泰168/268酒店)

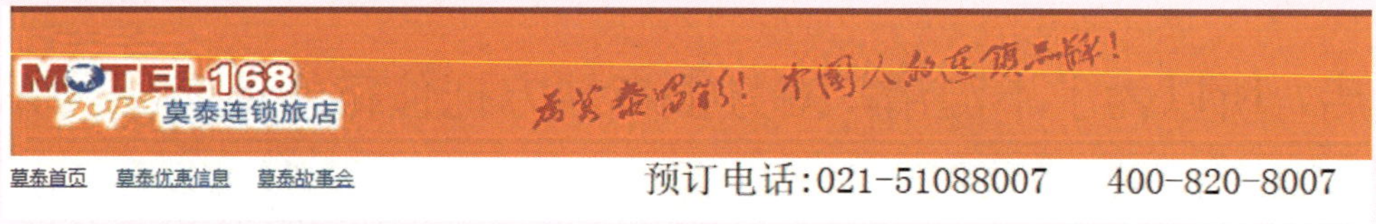

shànghǎimòtàijiǔdiànguǎnlǐyǒuxxiàngōngsīchénglì y ú èrlínglíngèrnián chuànglì l e zhōngguó
上海莫泰酒店管理有限公司成立于2002年，创立了中国
d ì y ī j i ā xīngàiniàn d e jīngjìxíngjiǔdiànpǐnpái yāoliùbā m ò tàiyāoliùbā
第一家新概念的经济型酒店品牌“Motel168”。(莫泰168)
jiǔdiàn j ī b ě n shèshī qíquán cāntīng xiūxián y ú l è kōngjiān fāngbiàn kuàijié d é d à o
酒店基本设施齐全，餐厅、休闲娱乐空间方便快捷，得到
g ù k è d e hǎopíng xiànzàizhōngguó g è d ì xíngchéng l e shàngbǎi jiāliánsuǒ y ǐ h ò u wèi mǎ n z ú
顾客的好评。现在中国各地形成了上百家连锁。以后为满足
shāngwù k è r é n d e xūyào yòu tuī chūèrliùbā shāngwù xíng jiǔdiàn f ú w ù xiàngmù j í shāngwù
商务客人的需要，又推出268商务型酒店，服务项目及商务
shèshī gèngwánshàn liǎngzhě d e qūbiéshì m ò tàiyāoliùbā jiǔdiàn zhuózhòngyú shíhuì fāngbiàn
设施更完善。两者的区别是莫泰168酒店着重于实惠方便，
z u ì d ī fángjiàyìbǎiliùshíbāyuán m ò tàièrliùbā jiǔdiàn zhuózhòngyú shāngwù f ú w ù z u ì d ī fángjià
最低房价168元。莫泰268酒店着重于商务服务，最低房价
èrbǎiliùshíbāyuán
268元。

전국 망을 갖추고 저렴하며 교통이 편리한 곳에 위치한 호텔 체인회사인 모타이168(Motel 168)은 2002년에 설립되었다. 이 호텔 체인은 호텔의 기본 설비를 갖추고 있을 뿐 아니라 레스토랑, 휴식, 오락 공간을 잘 갖추고 있어서 시작부터 고객들의 호평을 받고 있다. 현재 중국 전역에 수

백 개 호텔 체인을 갖추고 비즈니스 여행객이나 젊은 층 고객의 수요를 만족시키고 있을 뿐 아니라 한 단계 높은 수준의 모타이268도 운영하고 있다. 특히 젊은 여행자들은 이 호텔체인에서 다양한 나라의 친구들을 사귀고 여행정보를 교환할 수 있는데, 대체로 위치가 좋아서 도시 여행자들에게 매우 인기가 있다. 이 두 호텔 체인의 차이는, 168은 실용적이고 편리함을 최우선으로 하되 최저가격이 168위안부터 시작한다는 점, 모타이268은 비즈니스 서비스에 집중하며 최저가격이 268위안이라는 점이다.

2. 시트립(携程网), 취나(去哪儿网)

xiéchéngwǎng yījiǔjiǔjiǔnián zài shànghǎi chuànglì qùnǎrwǎng èrlínglíngwǔnián zài běijīng
携程网1999年在上海创立，去哪儿网2005年在北京

chuànglì zhǔyào tígōng shíshí sōusuǒ jīpiào huǒchēpiào jiǔdiàn cháxún jí yùdìng
创立，主要提供实时搜索机票、火车票、酒店查询及预订。

시트립은 1999년 상하이에서 설립되었고, 취나왕은 2005년 베이징에서 설립되었는데, 주로 실시간 항공권, 기차표, 호텔을 예약하는 사이트로서 내외국인들이 많이 이용한다.

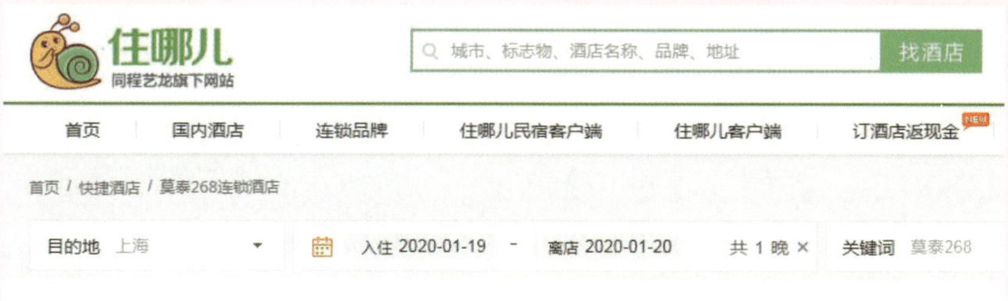

dìshíwǔkè
第十五课

tǐyùyùndòng
体育运动

jīndòuhàn　　zàizhōngguó　rénmenzuìxǐ'àidetǐyùyùndòngshìshénme
金斗汉：　在中国，人们最喜爱的体育运动是什么？

lǐníng　　zhōngguórénhěnàihàotǐyùyùndòng　zàizhōngguóshèngxíngduōzhǒngtǐyù
李宁　：　中国人很爱好体育运动。在中国盛行多种体育

huódòng　zuìliúxíngdejiùshìpīngpāngqiúhézúqiúle
活动，最流行的就是乒乓球和足球了。

jīndòuhàn　　nàlǎoshīnínxǐhuanshénmeyùndòng
金斗汉：　那老师您喜欢什么运动？

lǐníng　　wǒniánqīngdeshíhouxǐhuanyóuyǒnghédēngshān　xiànzàine
李宁　：　我年轻的时候喜欢游泳和登山。现在呢，

yǒushíqùdǎdawǎngqiú
有时去打打网球。

jīndòuhàn　　shìma　nànínshénmeshíhoujiāowǒdǎwǎngqiúba
金斗汉：　是吗？那您什么时候教我打网球吧！

lǐníng　　méiwèntí　míngtiānzǎoshangyìqǐdǎba
李宁　：　没问题，明天早上一起打吧！

shēng cí
生 词(새단어)

1.	tǐyùyùndòng 体育运动	míng 名	스포츠
2.	xǐ'ài 喜爱	dòng 动	인기 있다 , 좋아하다. shòuhuānyíng 受 欢 迎
3.	shèngxíng 盛 行	dòng 动	성행하다
4.	pīngpāngqiú 乒乓球	míng 名	탁구 /
			yǔmáoqiú 羽毛球: 배드민턴, bàngqiú 棒球 : 야구, gāoěrfūqiú 高尔夫球 : 골프 páiqiú 排球 : 배구, lánqiú 篮球 : 농구
5.	zúqiú 足球	míng 名	축구
6.	niánqīng 年轻	xíng 形	젊다
7.	yóuyǒng 游泳	míng dòng 名/动	수영(하다)
8.	dēngshān 登山	dòng 动	등산
9.	xiànzài 现在	fù 副	요즘, 현재
10.	yǒushí 有时	fù 副	가끔, 어느 때는
11.	wǎngqiú 网球	míng 名	테니스
12.	jiāo 教	dòng 动	가르치다
13.	zǎoshang 早 上	míng 名	아침
14.	yìqǐ 一起	fù 副	함께

어법 다지기

1. 동사 중첩: 打打

동사는 AA(단음절 동사), ABAB(쌍음절 동사), AAB(이합동사: 동사+목적어)식으로 사용할 수 있으며, 주로 짧은 동작을 표현하다.

kànkan　xiūxixiūxi　jiànjianmiàn
看看/ 休息休息/ 见见面

주의

심리적 상태 또는 발전이나 변화의 의미를 나타내는 동사는 중첩이 불가능하다.

xǐhuan kāishǐ
* 喜欢/开始

yuè dú liàn xí
阅读练习

nǐ xǐ huanshénm e yùndòng
你喜欢什么运动?

wǒ xǐ huanpǎo b ù dǎ pīngpāngqiú
我喜欢跑步，打乒乓球。

xué kàn hàn zì
学看汉字

运动　打网球　没问题

회화연습 (다음 내용을 중국어로 대화연습을 해보세요)

A: 취미가 뭐니?

B: 수영, 탁구 등 운동은 다 좋아해, 너는?

A: 난 운동 싫어. 노래 부르는 걸 좋아해

B: 나도 좋아하는데… 토요일에 수업이 없으니까 같이 노래방 가자.

A: 너무 좋지. 내 노래 실력을 보여줄께.

중국문화

중국의 대중 생활 문화(광장 춤, 태극권, 운동)

suízhe zhōngguó quánmín jiànshēn wénhuà de tuīxíng yìxiē zhōnglǎoniánrén kāishǐ zài jiā
随着中国全民健身文化的推行，一些中老年人开始在家
fùjìn de gōngyuán guǎngchǎng děng kòngdì shàng kāishǐ le jíjù zhōngguó tèsè de guǎngchǎng
附近的公园、广场等空地上开始了极具中国特色的广场
wǔ shìmín wénhuà huódòng bùguǎn shénme tiānqì zhǐyào shì kòngdì jiùshì tāmen de
舞市民文化活动。不管什么天气，只要是空地，就是她们的
wǔtái zuìjìn zhōngguó de guǎngchǎng wǔ yǐjīng zǒuxiàng guójìhuà hěnduō wàiguó yǒurén
舞台。最近中国的广场舞已经走向国际化，很多外国友人
yě kāishǐ xiàofǎng
也开始效仿。

중국인들의 건강관리 문화는 매우 일반화되어 있어서 중년 또는 노년들은 집 근처 공원이나 광장 등의 공터에서 광장 춤을 추는 등 문화활동을 즐기는데, 공터만 있으면 무대가 된다. 최근 중국의 광장 춤은 국제화가 되고 있는데, 많은 외국인들도 중국인들의 광장 춤을 따라하고 있다.

dìshíliùkè
第十六课

shìjièliúxíngbìng
世界流行病

jīndòuhàn　wèi zhāngmíngma tīngshuōzhōngguóxīnguànyìqíngyǐjīngkòngzhìzhùle
金斗汉： 喂，张明吗？听说中国新冠疫情已经控制住了，
lùxùfùgōngfùxuéle
陆续复工复学了？

zhāngmíng　shì zhècì yìqíngshìquánqiúxìngde chíxùshíjiānbǐèrlínglíngsān
张　明： 是，这次疫情是全球性的，持续时间比2003
niánde fēidiǎncháng
年的非典长。

jīndòuhàn　hánguózuìjìnyīnwèishǒuěryèdiàn wùliúzhōngxīn xuéxiàofùxué
金斗汉： 韩国最近因为首尔夜店、物流中心、学校复学，
shāowēiyǒuyìxiēfǎntán
稍微有一些反弹。

zhāngmíng　zhèbiānyěshì wǒhěnshǎochūmén dōuchéngle zháijiāyìzúle
张　明： 这边也是！我很少出门，都成了宅家一族了。

jīndòuhàn　tèbiéxiànzàishìxiàtiānle chūméndàikǒuzhàoyuèláiyuèrè
金斗汉： 特别现在是夏天了，出门戴口罩越来越热。
zhèyìqíngbùzhīdàoshénmeshíhoucáinéngjiéshù
这疫情不知道什么时候才能结束？

zhāngmíng　píngshíduōxǐshǒu duōxiāodú shǎojùhuì tígāozìshēnmiǎnyìlì
张　明： 平时多洗手、多消毒、少聚会、提高自身免疫力
hěnzhòngyào
很重要。

jīndòuhàn　méicuòr dàjiādōubǎozhòngshēntǐ zàiliánxì
金斗汉： 没错儿，大家都保重身体。再联系！

shēng cí
生 词(새단어)

1.	shìjièliúxíngbìng 世界流行病	míng 名	세계적 유행병
2.	xīnguànfèiyán 新冠肺炎	míng 名	xīnxíngguànzhuàngbìngdú 新型冠状病毒 신종 코로나바이러스
3.	yìqíng 疫情	míng 名	전염병 발생 상황, 질병 상황
4.	jiéshù 结束	dòng 动	끝나다
5.	lùxù 陆续	fù 副	연이어, 차례로
6.	kòngzhìzhù 控制住	dòng 动	억제하다, 자제하다. (kòngzhìyìqíng 控制疫情 전염병의 발생을 통제하다)
7.	fùgōng fùxué 复工/ 复学	dòng 动	직장에 복귀하다, 다시 등교하다
8.	quánqiúxìng 全球性	míng xíng 名/形	글로벌, 전세계적
9.	fēidiǎn 非典	míng 名	사스
10.	yèdiàn 夜店	míng 名	클럽
11.	wùliú zhōngxīn 物流 中心	míng 名	물류센터
12.	fǎntán 反弹	dòng 动	반등하다
13.	zháijiāyìzú 宅家一族	míng 名	홈족
14.	dàikǒuzhào 戴口罩	dòng 动	마스크를 착용하다
15.	xiāodú 消毒	dòng 动	소독하다
16.	jùhuì 聚会	míng dòng 名/动	모임, 모이다
17.	tígāo 提高	dòng 动	제고하다, 향상시키다
18.	zìshēnmiǎnyìlì 自身免疫力	míng 名	자가 면역력
19.	bǎozhòng 保重	dòng 动	건강에 주의하다, 몸조심하다

보충단어

1. yīhùrényuán 医护人员 의료진
2. fāngcāngyīyuàn 方舱医院 팡창병원(원래는 군대의 야전컨테이너 이동 응급병동인데 신종 코로나가 갑자기 확산되어 더 많은 환자를 치료를 받을 수 있도록 임시적 건설한 응급치료 병원이다.)
3. gǎnrǎnzhě 感染者 감염자
4. wúzhèngzhuàngzhě 无症状者 무증상자
5. gélí/jūjiāgélí/jízhōnggélí 隔离/居家隔离/集中隔离 격리/자가격리/집중격리

어법 다지기

1. 结束와 完

结束는 동사로 특정한 일이 끝났을 때 많이 쓰인다.

完는 주로 앞에 동사와 결합하고 뒤에 "了"를 동반하여 결과보어로 쓰이며 동작의 결과를 나타낸다.

zhègegōngzuòjiéshùle　　　　zhègegōngzuòzuòwánle
1) 这个工作结束了。　　　　这个工作做完了。

huìyìsāndiǎnjiéshùle　　　　huìyìsāndiǎnkāiwánle
2) 会议 3 点结束了。　　　　会议 3 点开完了。

wǒdehuàwánle　　　　wǒdehuàshuōwánle
3) 我的话完了。 → 我的话说完了。(보어로 더 많이 쓰임)

2. 陆续/继续/连续

陆续는 부사로 쓰이며 일반적으로 중간에 끊어지다가 계속된다는 의미를 나타낸다.(간격이 존재함)

diànyǐngjiéshùle guānzhònglùxùzǒuchūlediànyǐngyuàn
1) 电影结束了，观众陆续走出了电影院。

kèrénlùxùdōuláile
2) 客人陆续都来了。

yìniánlǐ　tālùxùchūkānlesānběnxiǎoshuō
3) 一年里，他陆续出刊了三本小说。

继续는 동사로 쓰이며 일반적으로 사건이 끊이지 않고 계속 이어지거나 잠깐 끊어졌다가 다시 이어지는 의미를 나타낸다.

zuótiānzhèběnshūwǒkàndàolewǔshíyè　jīntiānyàojìxùkànwán
1) 昨天这本书我看到了50页，今天要继续看完。

bùhǎoyìsi　wǒjiēlegèdiànhuà　qǐngnínjìxùshuō
2) 不好意思，我接了个电话，请您继续说。

连续는 동사로 쓰이며 뒤에 일반적으로 수량 개념과 함께 쓰인다.

zhèchǎngxuěliánxùxiàleliǎngtiān
1) 这场雪连续下了两天。

tāliánxùkǎoleliǎngcì　zhōngyúkǎoshàngběijīngdàxuéle
2) 他连续考了两次，终于考上北京大学了。

yuè dú liàn xí
阅读练习

wǒ chéng le zhái jiā yì zú le
我成了宅家一族了。

wài chū dài kǒu zhào yuè lái yuè rè
外出戴口罩越来越热。

xué kàn hàn zì
学看汉字

结束　小心　出门　聚会　联系

회화연습 (다음 내용을 중국어로 대화연습을 해보세요)

A: 요즘에 코로나19 때문에 매일 집에 있어서 너무 답답해.

B: 나도 그래. 내일 온라인 강의를 듣고 같이 시내에 가자.

A: 안돼. 아직 사람들이 많은 곳은 조심해야지.

B: 그럼 우리 집으로 와서 같이 이야기하며
맛있는 것 먹자, 어때?

A: 좋아, 내일 마스크를 쓰고 가야겠다.

B: 내일 보자!

중국문화

코로나19 여파로 중국 홈경제와 노점경제 부상

xīnguànfèiyányìqínghuǒ le zhōngguó de zhái jīngjì yóuyúyìqíng jìnzhǐ huò jiǎnshǎo
新冠肺炎疫情火了中国的宅经济。由于疫情禁止或减少

wàichūhuódòng hěnduōrénkāishǐ zài jiālǐ zuòfàn wàimài wǎnggòu dǎ yóuxì
外出活动，很多人开始在家里做饭、外卖、网购、打游戏、

xuéxí děng tèbiéshì sānshíwǔsuì yǐxià de niánqīngrénzhàn le bǎifēnzhībāshí yǐshàng zhèxiē
学习等。特别是35岁以下的年轻人占了80%以上。这些

zháijiā yì zú yòugěi ālǐbābā jīngdōngděngyǒumíng de gòuwù wǎngzhànchuàngxià bù xiǎo
宅家一族又给阿里巴巴、京东等有名的购物网站创下不小

de shōuyì lìngwài zhōngguózhèngfǔwèile jiějuéyìqínghòu jiùyè kāishǐtíchàngfāzhǎn
的收益。另外，中国政府为了解决疫情后就业，开始提倡发展

dìtān jīngjì ràngguómíndōu qù bǎidìtānmàidōngxī yí yè zhījiān quánguógèdì
地摊经济。让国民都去摆地摊卖东西。一夜之间，全国各地

chūxiàn le hěnduō dìtān bāokuò nóngmín gōngrén shènzhì gōngsī báilǐng yě chūlái
出现了很多地摊，包括农民、工人、甚至公司白领也出来

bǎidìtān yǒu de rényìtiānshōurù kěyǐ dádào shàngwànyuán rénmínbì xiāngdāngyúhán
摆地摊。有的人一天收入可以达到上万元人民币（相当于韩

bì yìbǎiliùshíwàn suīrán jiějué le yíbùfen rén de shēngjì wèntí dàn yě shǐ běnlái
币160万）。虽然解决了一部分人的生计问题，但也使本来

jiùyīnwèiyìqíngzàochéngjīngyíngnán de shítǐdiànxuěshàngjiāshuāng lìngwàizàituīdòngdìtān
就因为疫情造成经营难的实体店雪上加霜。另外在推动地摊

de shíjì yùnxíngguòchéngzhōng lǐkèqiángzǒnglǐtíchàng dàlì fāzhǎnshìchǎngjīngjì xí
的实际运行过程中，李克强总理提倡大力发展市场经济，习

jìnpíng zhǔxí zé gèngzhùzhòngzhèngfǔguǎnkòng zàiquánmín bǎi dìtān shíxíng jǐ tiānhòu
近平主席则更注重政府管控，在全民摆地摊实行几天后，

shǒudūběijīngjiùxuānbùjìnzhǐbǎidìtān yīncǐzhōngguódìtānjīngjì de wèiláiháishì
首都北京就宣布禁止摆地摊。因此中国地摊经济的未来还是

gè wèizhīshù
个未知数。

코로나19 사태가 가정 경제 생활 형태를 바꿔놓고 있다. 코로나19 때문에 외출활동이 금지 또는 축소되면서 많은 사람들이 집에서 음식을 만들거나 시켜먹고, 온라인 쇼핑을 할 뿐 아니라 게임을 하거나 공부를 하는데, 특히 35세 이하 젊은 층 80% 이상이 여기에 참여한다. 이러한 재택족들은 알리바바, 징동 같은 유명 온라인 쇼핑몰로 하여금 상당한 이익을 얻게 하였다. 이 밖에도 중국정부는 코로나19 사태가 어느 정도 진정된 뒤 취업난을 해소하기 위해 노점경제 발전을 제창하였다. 이렇게 되자 너도나도 노점을 열어 하루 밤 사이에 전국 각지에 수많은 노점이 출현하였다. 노점 개설 대열에는 농민, 노동자, 심지어는 직장인들까지 합세하였는데, 어떤 사람은 하루에 백만 단위(한국 160만원 정도)의 돈을 벌기도 했다. 정부의 노점경제 활성화 시책이 일부 사람들의 생계문제 해결에 도움이 되었지만, 코로나19로 인해 경영난을 겪어 온 기존 가게들에게는 어려움을 가중시키는 부작용도 발생했다.이 밖에도 노점경제를 활성화하는 과정에서 또 다른 문제도 발생했다. 이 조치에서는 리커창 총리가 적극 주장한 반면 시진핑 주석 측은 정부의 관리에 중점을 두었다. 이에 따라 많은 사람들이 노점을 차리기 시작한 며칠 뒤, 베이징에서는 노점 설치를 금지한다고 선포함으로써 중국 노점경제의 내일에 대한 의문을 갖게 하기도 했다.

单元练习5 단원연습（13-16课）

1. 빈칸에 들어갈 알맞은 단어를 다음에서 찾아 써보세요

厉害　　疼　　已经　　游泳　　填

1）请您（　　）一下登记表。

2）我（　　）预订房间了。

3）大夫，我今天一直肚子（　　）。

4）37度1，烧得不太（　　）。

5）我周末经常去登山或（　　）。

2. 우리말 단어와 중국어 단어를 바르게 연결해보세요

1）肚子	a）~것, 물건
2）最近	b）미안하다
3）东西	c）배
4）抱歉	d）운동
5）运动	e）최근

3. 제시한 단어를 정확한 어순으로 배열해보세요

1）打网球　　我　　喜欢　　最　　年轻的时候

2）体温计　　腋下　　把　　插到　　这个

3）出示　　请　　护照　　一下　　您的

4. 그림을 보고 제시어로 문장을 만드세요

1) 等

2) 教

3) 预订

5. 唐诗一首 （당시 한 수）

yǒng é
咏 鹅

luòbīnwáng
骆宾 王

é é é
鹅 鹅 鹅,
qǔ xiàngxiàngtiān gē
曲项向天歌。
báimáo fú lǜ shuǐ
白毛浮绿水,
hóngzhǎng bō qīng bō
红掌拨清波。

꽉, 꽉, 꽉,
굽은 목은 하늘 향해 노래하고,
하얀 털은 푸른 물에 떠있고,
붉은 발은 맑은 물을 가르네.

부록

본문해석
단원연습 문제 정답

본문해석

제1과 첫 만남

마이크: 어이, 샤오리, 안녕! 이 사람이 네 친구니?

샤오리: 그래

샤오밍: 안녕, 이름이 뭐지?

마이크: 안녕, 나 마이크야.

샤오밍: 어느 나라 사람이니?

마이크: 미국사람.

샤오밍: 만나서 반가워.

마이크: 만나서 나도 반가워.

샤오밍: 가자, 우리 함께 식사하자.

제2과 가정

김주영 : 가족이 몇 명이에요?

리밍 : 우리 가족은 모두 넷이에요. 아버지와 어머니가 계시고 저와 동생이 있어요.

김주영 : 아버님은 뭘 하세요?

리밍 : 우리 아빠는 회사에 다녀요.

김주영 : 동생은요?

리밍 : 제 동생은 중학교에 다녀요.

김주영 : 어머님은 뭘 하세요?

리밍 : 엄마는 일 안해요. 전업 주부라서 집안 일을 해요.

제3과 이게 뭐지?

미현 : 샤오밍, 봐봐. 이게 뭐지?

샤오밍 : 미안. 나도 모르겠는데. 샤오리한테 물어봐.

미현 : 아니야, 샤오리한테 내가 물어볼께. 샤오리, 저게 뭐지?

샤오리 : 인기 있는 중국 인터넷 방송인데.

미현 : 그렇구나. 재미있어 보인다. 고마워.

샤오리 : 뭘, 그런걸 가지고.

제4과 시내 구경하기

샤오리 : 마이크, 오늘 할 일 있어?

마이크 : 없는데, 왜?

샤오리 : 오늘 우리 시내 구경가는 것 어때?

마이크 : 좋아. 가자.

(가게에서)

마이크 : 사장님, 이거 얼마예요?

사장 : 388위안요.

마이크 : 그렇게 비싸요? 좀 싸게 해주세요.

사장 : 300위안 어때요?

마이크 : 좋아요. 300위안으로 합시다.

제5과 대접하기

샤오밍 : 샤오리, 바쁘니?

샤오리 : 아니. 왜?

샤오밍 : 가자. 내가 식사 낼께.

(식당에서)

웨이터 : 어서 오세요. 몇 분이신 가요?

샤오밍 : 둘이요.

웨이터 : 이쪽으로 오시죠. 차는 어떤 차로 하시겠습니까?

샤오밍 : 공짜로 주는 차면 됩니다.

웨이터 : 메뉴 여기 있습니다. 천천히 살펴보세요.

샤오밍 : 샤오리, 뭐 먹고싶어?

샤오리 : 네가 정해. 나는 아무거나 좋아.

샤오밍 : 언니, 주문할께요. 디산시엔과 마라탕 주시고요, 샹차이(고수)는 빼주세요.
그리고 맥주 한 병 시원한 걸로 주세요. 고마워요.

웨이터 : 알겠습니다. 조금만 기다리세요.

제6과 계산하기

손님 : 실례합니다만, 이 탁자 비었습니까?

웨이터 : 저쪽 탁자에 앉으시지요. 여기는 예약되어 있습니다. 메뉴 여기 있습니다.

손님 : 탕수어와 마파두부를 주세요. 그리고 밥 두 그릇도요.
얼마나 기다려야 하지요?

웨이터 : 잠깐이면 됩니다.

손님 : 처리해야 할 일이 있으니 좀 서둘러 주세요.

웨이터 : 그러죠.

손님 : 사장님, 계산서 좀 주세요. 모두 얼마인가요?

웨이터 : 모두 108위안입니다. 현금인가요 아니면 카드인가요?

손님 : 위챗페이 가능합니까?

웨이터 : 예. 우리 가게 QR코드를 스캔하시면 됩니다.

손님 : 알았습니다.

제7과 날씨

장밍 : 내일 날씨 어떻다고 했어?

민호 : 일기예보에는 내일 비 온다는데.

장밍 : 무척 덥고 습하겠네. 모레는?

민호 : 모레는 맑고 25도 정도라고 했어.

장밍 : 잘 됐다. 우리 나가 놀자.

민호 : 베이징의 가을이 가장 좋지. 너는 베이징의 무슨 계절이 제일 좋아?

장밍 : 나는 봄과 가을이 제일 좋아.

제8과 방문

김호 : 왕 교수님 계세요?

왕부인 : 누구신가요?

김호 : 저는 왕 교수님의 학생입니다. 왕 교수님 계십니까?

왕부인 : 왕 교수님은 도서관에 가셨어요.

김호 : 언제 돌아 오시나요?

왕부인 : 오후에 돌아오실 거에요.

김호 : 그럼 저녁에 다시 오겠습니다.

왕부인 : 그래요. 조심해서 가세요

김호 : 안녕히 계세요.

제9과 전화하기

박인호 : 여보세요, 안녕하세요? 장밍씨 좀 부탁합니다.

노인 : 누구시라고요? 여보세요, 누구 찾으시지요?

박인호 : 미안합니다만 장밍씨 계신가요?

노인 : 여기에 장밍이라는 사람은 없는데요. 몇 번에 거셨나요?

박인호 : 024-753159번 아닌가요?

노인 : 아닙니다. 잘못 걸었어요.

박인호 : 죄송합니다.

제10과 시간 묻기

선생: 지금 몇 시입니까?

학생: 8시 입니다.

선생: 매일 몇 시에 일어나세요?

학생: 대개 6시 반쯤 일어나요.

선생: 몇 시에 집을 나서요?

학생: 7시 15분요.

선생: 하루에 몇 시간씩 공부해요?

학생: 하루에 6시간씩 공부해요.

제11과 길 묻기

여행자 : 실례합니다.

행인 : 무슨 일이시지요?

여행자 : 동물원 가려면 어떻게 갑니까?

행인 : 앞쪽으로 쭉 가서 사거리가 나오면 오른편으로 가십시오

여행자 : 걸어서 갈 수 있겠죠?

행인 : 예.

여행자 : 얼마나 걸릴까요?

행인 : 15분쯤 걸립니다. 하지만 버스를 타시는 것 더 빠를 거예요.

제12과 쇼핑

점원　: 무엇을 사실건가요?

여행객 : 여성의류는 어디에 있습니까?

점원　: 2층에 있습니다

여행객 : 셔츠를 사고 싶은데요

점원　: 사이즈는 어떻게 되지요?

여행객 : M사이즈예요

점원　: 어떤 색을 좋아하시죠? 흰색 어때요? 이 색은 올해 유행하는 색입니다.

여행자 : 얼마입니까?

점원　: 150위안입니다.

여행객 : 좀 싸게 해주실 수 없을까요?

점원　: 죄송합니다. 어렵겠는데요.

제13과 병원진료

의사: 앉으시지요. 어디가 편찮으십니까?

환자: 배가 아파요.

의사: 요즘 식욕은 어떠세요?

환자: 아무것도 먹고 싶지 않아요.

의사: 열이 나나요?

환자: 열이 날뿐만 아니라 목도 아픕니다.

의사: 이 체온계를 겨드랑에 끼세요, 재 봅시다.

의사: 37.5도니까 그렇게 열이 많이 나지는 않는군요. 유행성 독감입니다.

환자: 심합니까?

의사: 아니요. 2~3일 쉬시면 될 겁니다. 물 많이 마셔야 됩니다.

환자: 감사합니다.

제14과 빈방 있습니까?

종업원 : 어서오세요!

장밍　: 전 장밍이라고 합니다. 예약했습니다.

종업원 : 잠시만 가다리세요. 좀 찾아 보겠습니다. 여권 좀 보여 주세요.

종업원 : 죄송합니다만 선생님 존함으로 예약된 게 없어요.

장밍　: 어찌된 일이죠? 뭔가 착오가 있는 게 아닐까요?

종업원 : 모르겠습니다. 선생님 존함으로 예약된 내용이 분명히 없습니다.

장밍　: 그럼 빈방은 있습니까?

종업원 : 있습니다. 숙박부 좀 기입해 주세요.

제15과 스포츠

김두한 : 중국에서 가장 인기 있는 스포츠가 뭐예요?

리닝　: 중국인들은 스포츠를 좋아합니다. 중국에서는 여러 종류의 스포츠가 유행하는데, 인기 있는 운동이라면 탁구와 축구죠.

김두한 : 그런데 선생님은 무슨 운동을 좋아하십니까?

리닝　: 젊었을 때는 수영과 등산을 좋아했지만 요즘은 가끔 테니스를 해요.

김두한 : 그러세요? 그러면 언제 제게 테니스 가르쳐 주세요.

리닝　: 그럽시다. 내일 오전에 함께 칩시다.

제16과 세계적 유행병(판데믹)

김두한 : 여보세요? 장밍씨인가요? 듣기로 중국 각 지역의 코로나 상황도 이미 통제되었다고 하는데, 회사와 학교도 다시 문을 열고 있습니까?

장밍　: 그렇습니다. 비교적 심각한 세계적 유행병이라 지속기간이 2003년 사스보다 길어요.

김두한 : 한국 서울의 클럽, 물류센터, 그리고 학교가 문을 열면서 감염자가 늘고 있습니다.

장밍　: 이쪽도 마찬가지입니다. 나도 '방콕'족이 되었습니다.

김두한 : 특별히 여름이 돼서 마스크를 쓰니 더 더워져요. 이 코로나19 사태가 언제쯤 끝날 지 모르겠어요.

장밍　: 평소에 손 잘 씻고 자주 소독하고, 덜 모이고 면역을 높이는 게 중요하지요.

김두한 : 맞아요. 모두 건강 조심하고 또 연락합시다.

단원연습문제 정답

단원연습 1 （1-3课）

1. 들어갈 알맞은 단어를 찾아 써 보세요

高兴　　几　　什么　　有意思　　工作

1）你家有（ 几 ）口人?

2）中国的网红直播看起来很（ 有意思 ）。

3）爸爸在公司（ 工作 ）。

4）你的朋友叫（ 什么 ）名字？

5）认识你很（ 高兴 ）。

2. 우리말 단어와 중국어 단어를 바르게 연결해보세요

1）叫	e）부르다
2）工作	d）일, 일하다
3）韩国	a）한국
4）谢谢	b）감사합니다
5）看	c）보다

3. 제시한 단어를 정확한 어순으로 배열해보세요

1）我们一起去吃饭。

2）这是我的朋友。

3）你妈妈做什么工作？

4. 그림을 보고 제시어로 문장을 만드세요

1）我和男朋友一起工作。

2）妈妈现在正在做家务。

3）我弟弟和朋友们踢足球。(我弟弟非常喜欢运动。)

단원연습 2 （4-6课）

1. 빈칸에 들어갈 알 맞은 단어를 다음에서 찾아 써 보세요

块　　　位　　　想　　　别　　　一点儿

1）你（ 想 ）吃什么？

2 ）请（ 别 ）放香菜!

3）老板，这个300（ 块 ）怎么样？

4）欢迎光临，请问先生，您几（ 位 ）？

5）我们有事儿，麻烦您快（　一点儿　）。

2. 우리말 단어와 중국어 단어를 바르게 연결해보세요

1）微信	c）위챗
2）再	d）또，다시
3）钱	a）돈
4）买单	b）계산하다
5）没有	e）없다，하지 않았다

3. 제시한 단어를 정확한 어순으로 배열해보세요

1）请给我们一壶免费的凉茶。

2）这是我们店的菜单。

3）您是现金还是刷卡?（您是刷卡还是现金?）

4. 그림을 보고 제시어로 문장을 만드세요

1）我爸爸正在(给我们)点菜。

2）我非常喜欢喝咖啡。(茶)

3）今天我逛街买了很多衣服。(东西)

단원연습 3 （7-9课）

1. 빈칸에 들어갈 알맞은 단어를 다음에서 찾아 써보세요

左右　　太　　图书馆　　错　　又

1）北京的夏天(又)闷热又潮湿啊！

2）天气预报说明天气温在 28度(　左右　)。

3）张教授不在家，他去(　图书馆　)了。

4）对不起，您打(错)了，这没有叫张明的。

5）今天的天气(太)好了，我们出去玩儿吧！

2. 우리말 단어와 중국어 단어를 바르게 연결해보세요

1）晴天	e）맑은 날씨
2）雨	b）비
3）舒服	a）편안하다
4）喜欢	c）좋아하다
5）季节	d）계절

3. 제시한 단어를 정확한 어순으로 배열해보세요

1）明天的天气怎么样？

2）你最喜欢北京的哪个季节？

3）你拨的电话号码是几号？

4. 그림을 보고 제시어로 문장을 만드세요

1）周末爸爸妈妈和我们一起去动物园玩儿。(我们家人一起出去玩儿.）

2）今天是女朋友的生日，我给她打电话一起去吃饭。

3）春天的景色真漂亮啊！(一年四季我最喜欢春天。)

단원연습 4 （10-12课）

1. 빈칸에 들어갈 알맞은 단어를 다음에서 찾아 써보세요

点　　离开　　往　　层　　怎么

1) 请问，去动物园(怎么)走？

2) 一直(往)前走，到十字路口右拐。

3) 男式服装在3(层)可以买到。

4) 我早上大约8点5分(离开)家。

5) 你每天几(点)起床？

2. 우리말 단어와 중국어 단어를 바르게 연결해보세요

1) 一直	c) 줄곧
2) 穿	a) 입다
3) 事	b) 일
4) 时间	e) 시간
5) 公共汽车	d) 버스

3. 제시한 단어를 정확한 어순으로 배열해보세요

1) 走着去学校大约十分钟。

2) 我一天学习三个小时。

3) 我要买白色的女士衬衫。

4. 그림을 보고 제시어로 문장을 만드세요

1) 我和爸爸妈妈马上出发去中国旅游。

2) 这里的衣服颜色非常多。(你喜欢哪个颜色的衬衫？)

3) 今年非常流行这种牛仔裤。(这裤子非常流行。)

단원연습5 （13-16课）

1. 빈칸에 들어갈 알맞은 단어를 다음에서 찾아 써보세요

厉害　　疼　　已经　　游泳　　填

1)请您(填)一下登记表。

2)我(已经)预订房间了。

3)大夫，我今天一直肚子(疼)。

4)37度1，烧得不太(厉害)。

5)我周末经常去登山或(游泳)。

2. 우리말 단어와 중국어 단어를 바르게 연결해보세요

1) 肚子　　c) 배

2) 最近　　e) 최근

3) 东西　　a) ~것，물건

4) 抱歉　　b) 미안하다

5) 运动　　d) 운동

3. 제시한 단어를 정확한 어순으로 배열해보세요

1) 我年轻的时候最喜欢打网球。

2) 把这个体温计插到腋下。

3) 请出示一下您的护照。

4. 그림을 보고 제시어로 문장을 만드세요

1) 我的老板正在机场等着上飞机。(我马上去中国留学，现在等着去北京的飞机。)

2) 爸爸每个周六教我游泳。

3) 昨天我给朋友预订了一个房间。

임반석

현 청주대 중국통상과 교수

저서

『중국향진기업의 성장과 한계』
『현대 중국의 문화와 정치경제 발전』
『중국 주택상품화 연구』
『중국경제:두 가지 기적과 딜레마』
『중국경제의 개혁과 발전』
『중국의 전통, 경제발전, 그리고 민주화』
『중국경제, 기적은 끝나는가』
『일석이조 중국어(읽기)』
『한국경제의 선진화와 법치』(공저)
『선진경제 진입과 법치원리의 확립』(공저)
『통일시대 근현대 민족정신사 연구』(공저)
『21세기 한반도, 한민족, 그리고 세계』(공저)
이 외에 중국경제 및 동아시아경제협력 관련 연구재단급 논문 다수

장위건

청주대 중국통상과 겸임교수
중국계 귀화 한국인(심양)
충북대 경영학 박사
워아이니 중국어학원 경영
시엔케이코리아(주) 대표
명글로벌 해외영업 부사장
충청북도 국제자문관(중국)
길림시 퉈모(拓幕) 무역회사 고문
방통대(충북) 중문스타디 강사

쉽게 배우는 중국어 회화

초판 1쇄 발행 _ 2020년 8월 30일

공　저 · 임 반 석 · 장 위 건
발행인 · 정 현 걸
발　행 · 신 아 사
인　쇄 · 토탈프로세스
주　소 · 서울특별시 은평구 통일로 59길 4 (2F)
전　화 · (02) 382-6411　팩스 · (02) 382-6401
홈페이지 · www.shinasa.co.kr
E-mail · shinasa@daum.net
출판등록 · 1956년 1월 5일 (제 9-52호)

ISBN 978-89-8396-543-1 (93720)

정가 15,000원